La meditación paso a paso
Dalai Lama

grijalbo

Dalai Lama

La meditación paso a paso

Re**ve**laciones

Título original: *Stages of Meditation*

© 2001, Su Santidad el Dalai Lama
Publicado por acuerdo con Snow Lion Publications
© 2001 de la edición en castellano para todo el mundo:
    GRIJALBO (Grijalbo Mondadori, S. A.)
    Aragó, 385, 08013 Barcelona
    www.grijalbo.com
© 2001, Philippe Cornu y Virginie Rouanet, por el glosario
    y las notas
© 2001, José Miguel González Marcén, por la traducción
Ilustración de la cubierta: Zardoya
Primera edición
Reservados todos los derechos
ISBN: 84-253-3572-8
Depósito legal: B. 819-2001
Impreso en Cremagràfic, S. A., Bernat Metge, 197, 08205 Sabadell

Diseño gráfico de la colección: Óscar Astromujoff

Prefacio

NOS HONRA PRESENTAR *aquí una traducción del libro segundo de* Las etapas de la meditación *de Kamalashila, comentado por Su Santidad el Dalai Lama. Cuando Su Santidad hizo este comentario en Manali, en 1989, quisimos en seguida dar a conocer estas enseñanzas a los lectores en forma de libro. Desde entonces, trabajamos para que fuera posible y hoy nos congratulamos de que ese trabajo dé por fin sus frutos.*

Acharya Kamalashila fue un gran santo y erudito que vivió en el siglo IX. Fue discípulo del gran sacerdote Shantarakshita. Si se pudo expandir una forma de budismo completa y auténtica en el Tíbet fue gracias a las compasivas actividades de estos excepcionales maestros. Kamalashila desempeñó un papel decisivo, ya que fue uno de los primeros eruditos indios en componer textos fundacionales en el Tíbet, con la intención de atender las necesidades del pueblo tibetano y disipar los errores que entonces prevalecían. Desgraciadamente, debido a las turbulencias de nuestra época, y más en particular a la tragedia que se ha abatido sobre el Tíbet, durante mucho tiempo los estudiantes y practicantes serios se han visto privados de la posibilidad de escuchar o leer un texto tan importante para reflexionar y meditar. Al denunciar esta situación, entre una multitud de compromisos apremiantes, Su Santidad se esforzó en preservar la tradición que fomenta el estudio y la puesta en práctica de las lecciones de textos tan trascendentes y poco comunes como el que nos ocupa. Así pues, ha enseñado las lecciones de *Las etapas de la meditación* en varias ocasiones.

Tenemos el placer de ofreceros el comentario que hizo en Manali, una pequeña ciudad en la linde del valle de Kullu, en el Himachal Pradesh, que mantiene desde hace mucho tiempo relaciones con los tibetanos y los pueblos de la región fronteriza indo-tibetana. Esperamos sinceramente que nuestros humildes esfuerzos contribuyan a la preservación de la enseñanza de Acharya Kamalashila y a que, cualquiera que sea el beneficioso efecto de la enseñanza sobre los lectores, ésta pueda contribuir a que todos los seres alcancen la felicidad última de la condición de buda.

Dedicamos este trabajo a la expansión del Budadharma, a la paz entre los seres y a la larga vida de Su Santidad el Dalai Lama, de los grandes maestros y de los practicantes. Agradecemos a Susan Kyser, nuestra editora en Snow Lion, sus valiosas sugerencias, que han mejorado la versión definitiva, y damos las gracias también a todos los que han contribuido directa o indirectamente a la finalización del proyecto.

Este libro ha sido traducido y elaborado por el siguiente equipo: Gueshe Lobsang Jorden, diplomado del Instituto de Dialéctica Budista de Dharamsala, quien a partir de 1989 fue el ayudante y traductor personal de Su Santidad el Dalai Lama; Losang Choephel Ganchenpa, quien fue también estudiante del citado instituto y ha trabajado como traductor desde hace más de una década, primero en la Library of Tibetan Works and Archives (LTWA), en Dharamsala, y después en Australia, y Jeremy Russel, editor de Chö-Yang, The Voice of Tibetan Religion & Culture, *publicado por el Instituto Norbulingka, de Dharamsala.*

Prólogo

En lengua de la India: Bhāvanākrama.
En lengua tibetana: sGom-pa'i rim-pa.
Homenaje a Manjushri el juvenil.

Explicaré brevemente las etapas de la meditación para los que si-
guen el sistema de los sutra del Mahayana. La mente iluminada
que desee alcanzar muy rápidamente la omnisciencia debería ha-
cer el esfuerzo deliberado de reunir las causas y las condiciones ne-
cesarias.

E L GRAN MAESTRO ESPIRITUAL Kamalashila compuso este texto, *Las etapas de la meditación*, en tres partes: las etapas iniciales de la meditación, las etapas intermedias de la meditación y las etapas finales de la meditación. Ahora explicaré las etapas intermedias de la meditación. Los temas principales de este tratado son el espíritu del despertar y la vida perfecta. La vía espiritual que lleva al fin último de la condición de buda tiene dos aspectos: método y sabiduría. Estos dos aspectos conducen respectivamente al cuerpo formal o rupakaya y al cuerpo de sabiduría o dharmakaya. El primero de ellos representa la perfección del trabajo para el bien de los demás, y el segundo la perfección de nuestro propio fin. Los medios para cultivar la bodhichitta y la sabiduría que aprehende el vacío constituyen unidos el fundamento de las enseñanzas budistas, y este libro nos proporciona una clara exposición de estos dos aspectos de la vía budista hacia el despertar.

Cuando examinamos estas enseñanzas con más atención, empezamos a comprender que el pensamiento compasivo es la raíz de la bodhichitta o espíritu del despertar. Ahora bien, este pensamiento del despertar debe ser puesto en práctica conjuntamente con la sabiduría que aprehende la naturaleza última de todas las cosas o vacío. Esta sabiduría debería manar de la unión de una visión superior y de un espíritu que repose en la calma y esté concentrado igualmente en su objeto, el vacío.

En este auditorio muchos provienen de las regiones indias del Lahaul, el Kinnaur y el Spiti, y la mayor parte sois personas que han recibido una cierta educación. Sin embargo, la técnica de enseñanza que me propongo utilizar se dirige ante todo a los que no tienen ninguna fe en la religión. A lo largo de esta enseñanza espero demostrar cómo se puede suscitar el interés por la religión en general y por el budismo en particular. Hay numerosas fórmulas de razonamiento que pueden ayudarnos a despertar nuestro interés por la espiritualidad. Así es como podemos darnos cuenta de que la religión no está únicamente fundada en la fe, sino que dicha fe se muestra en conjunción con el razonamiento y la lógica. Fundamentalmente, existen dos tipos de fe: la que no está fundada en ninguna razón y la que se apoya en la razón. En este último tipo de fe, el individuo examina el objeto de su creencia y estudia su pertinencia con respecto a sus necesidades y sus exigencias. La fe se desarrolla tras haber visto cuáles son sus ventajas. En el budismo en general, y más particularmente en la vía del Mahayana, examinas primero el contenido de las enseñanzas y luego aceptas lo que es lógico y razonable, desechando lo que es ilógico. Sin embargo, hay ciertos casos en los que las mismas palabras del Buda no deben ser aceptadas literalmente, sino que necesitan una interpretación. Las enseñanzas de las escrituras que no resisten el análisis lógico están en este grupo. Por el contrario, las que pasan la prueba del análisis lógico deberían tomarse en su sentido literal. Sin embargo, cuando vayamos a buscar la autoridad en otras fuentes escritas, ¿cómo distinguiremos las escrituras que deben ser comprendidas literalmente de las que deben ser interpretadas y cómo evitaremos el riesgo de caer en una regresión sin límites? Debemos examinar los dos tipos de enseñanzas de las escrituras a la luz de la lógica. Así pues, el análisis lógico ocupa un lugar muy importante en el estudio de las escrituras budistas.

Antes de empezar vuestra investigación, es esencial estudiar las técnicas que os permitirán examinar el objeto de vuestro análisis. Para los que desean llevar a la práctica las enseñanzas del Buda, la simple fe no basta. Cuando estudiéis, debéis seguir un método lógico. Mientras hablo, os pido que me prestéis la máxima atención: tomad notas o utilizad cualquier otro medio que os permita retener lo que enseño.

Comencemos por explicar lo que significa «bendición» en el contexto budista, cuando se habla de la bendición de un lama o de la bendición del Dharma. La bendición debe surgir de lo más recóndito de vuestro espíritu. No es algo que venga del exterior, aunque hablemos corrientemente de la bendición de un lama o de la bendición de los tres objetos de refugio. Bendición significa que las cualidades de vuestra mente crezcan y sus defectos disminuyan. La palabra tibetana que designa la bendición [*byin rlab*, pronunciado «tchinlap»] puede ser descompuesta en dos partes: *byin* significa «potencial maravilloso» y *rlab*, «transformar». Así, *byin rlab* significa «transformar en un maravilloso potencial». En consecuencia, la bendición hace referencia al desarrollo de cualidades virtuosas que no tenías antes y al crecimiento de las cualidades virtuosas que ya habías desarrollado. La palabra implica también la disminución de las imperfecciones de la mente que impiden el desarrollo de las cualidades sanas. Se recibe la verdadera bendición cuando los atributos virtuosos del espíritu se fortalecen y sus características defectuosas se debilitan o aminoran.

El texto dice: «La mente iluminada que desee alcanzar muy rápidamente la omnisciencia debería hacer el esfuerzo deliberado de reunir las causas y las condiciones necesarias», lo que quiere decir que esta obra, más que lanzarse a un análisis elaborado de objetos a refutar, lo que es propio de trabajos más filosóficos, trata ante todo de los métodos y la práctica de la meditación. No es que existan dos tipos de tratados budistas separados y sin ninguna relación —los tratados que abordan únicamente el discurso y otros destinados únicamente a la práctica—, ya que todos los escritos contienen enseñanzas que nos ayudan a domar y a controlar el espíritu. No obstante, el énfasis varía según los textos. Algunos textos y algunas prácticas se refieren ante todo al estudio y a la contemplación, mientras que otros ponen el acento en los procedimientos meditativos. Este texto pertenece a este último grupo. Por ello se le llamó, de acuerdo con su contenido, *Las etapas de la meditación*, y, como sugiere el título, el texto describe cómo se puede desarrollar el camino espiritual siguiendo una progresión correcta, y no de una manera desordenada y a trompicones.

Así pues, hay tres partes en *Las etapas de la meditación* y ésta constituye la parte intermedia. Acharya Kamalashila imparte primero esta enseñanza en su lengua materna india. El texto comienza con su título en sánscrito, mención que supone en el lector una aptitud para esta lengua sagrada de la que pueda sacar partido. Además, el hecho de citar el título del texto en la lengua clásica de la India recuerda su dimensión histórica. Desde los albores de la civilización en el país de las nieves y con el desarrollo gradual de la civilización tibetana, también prosperaron los vínculos naturales con las comarcas vecinas. Parece que los tibetanos adoptaron numerosos elementos socioculturales de sus vecinos. Así es como la India, nuestro vecino meridional, devino fuente de sistemas religiosos y culturales y de temas enriquecedores. Otras culturas antiguas y ciencias tales como la medicina, la filosofía budista, el sánscrito, etc., fueron también importadas de la India, patria de muchos grandes eruditos. De manera que nosotros, los tibetanos, estamos acostumbrados a reverenciar a la India como una tierra sagrada. China era reputada por sus alimentos y su gran variedad de legumbres y el tibetano utiliza las mismas palabras que el chino. Aún hoy continuamos utilizando palabras chinas para designar numerosas legumbres. Incluso algunos modelos de los ropajes mongoles, que se adaptaban bien a un clima frío, fueron imitados por los tibetanos. Así, en el curso de los siglos, los tibetanos que estuvieron en contacto con sus vecinos importaron incontables bienes valiosos y desarrollaron sus propias características socioculturales. Cuando un texto comienza con la frase: «En lengua de la India», muestra su autenticidad, es decir, que tiene sus raíces en los tratados de maestros indios.

Después el texto prosigue: «En lengua tibetana», y estas palabras van seguidas del título tibetano. Eso indica que el texto fue traducido a la lengua de otro país, el Tíbet. El tibetano es lo suficientemente rico para expresar con precisión las enseñanzas de los grandes tratados, incluidos los sutra y sus comentarios. A lo largo de los siglos, la lengua tibetana ha sido un vehículo mayúsculo tanto para los discursos como para los aspectos prácticos del budismo. Incluso hoy, está claro que el tibetano es prácticamente la única lengua en el mundo que puede comunicar plenamente la totalidad de las enseñanzas budistas contenidas en los cánones del Hinayana, del Mahayana y en los Tantra. En consecuencia, es una lengua muy importante, particularmente en lo que respecta al budismo.

«Homenaje a Manjushri el juvenil» constituye el verso de dedicatoria y súplica del traductor. Los traductores empiezan su obra rindiendo un homenaje con el fin de ser capaces de completar su trabajo sin encontrar obstáculos insalvables. El homenaje también simboliza su deseo de cumplir con sus fines temporal y último. La dedicatoria a Monjushi obedece a un decreto promulgado por los reyes religiosos del pasado. Su finalidad era indicar con claridad a cuál de las tres divisiones [los pitaka o canastas] de las enseñanzas del Buda pertenece cualquier sutra o comentario. La súplica se dirige a todos los buda y bodhisattva cuando un texto pertenece a la colección de los discursos.[1] Cuando pertenece a la colección del conocimiento,[2] la súplica concierne a Manjushri. Por último, para indicar que un texto pertenece a la colección de la disciplina,[3] la súplica se dirige a los omniscientes. La tesis principal de este tratado es el establecimiento de la inexistencia del ser apoyándose sobre la concentración en un único punto que resulta de la unión de la visión profunda y de un espíritu instalado en la quietud. Y dado que este texto pertenece a la colección del conocimiento, la súplica se dirige aquí a Manjushri.

Con la frase «para los que siguen el sistema de los sutra del Mahayana», el autor indica brevemente la ruta meditativa para los que estudian este tratado. Entonces se plantea la pregunta: ¿cuál es el fin último de los que practican las enseñanzas del Mahayana? Y la respuesta es: la condición de buda. ¿Qué es la condición de buda? Quien posee una sabiduría trascendente omnisciente es un buda, y a ese estado se le llama condición de buda. Dado que el objetivo final de las enseñanzas del Mahayana es alcanzar dicho estado omnisciente, el practicante necesita examinar con cuidado los medios y los métodos que le conducen a esa realización. Al dedicarse a tal investigación, se esforzará por seguir correcta e íntegramente cada una de las etapas para la aprehensión del estado de omnisciencia. Todo esto constituye un breve sumario del tema de esta obra.

NOTAS

1. Canasta de los sutra, *Sutrapitaka.*
2. Canasta de los Abhidharma, *Abhidharmapitaka.*
3. Canasta del Vinaya, *Vinayapitaka.*

Introducción

El reverendo Nagarjuna dijo:

> Si deseas alcanzar el despertar insuperable
> para ti mismo y para el mundo,
> la raíz es el desarrollo de un pensamiento altruista
> estable y firme como una montaña,
> una compasión que todo lo abarca
> y una sabiduría trascendente desnuda de dualidad.

AQUELLOS DE ENTRE NOSOTROS que deseen la felicidad para el prójimo y para sí mismos, tanto temporalmente como a largo plazo, deberían estar animados por la motivación de alcanzar el estado de omnisciencia. La compasión, el pensamiento altruista y la visión perfecta son los fundamentos, la sangre vital de la vía hacia el más alto despertar. A este respecto, tenemos fe en la doctrina del Buda y tenemos acceso a sus enseñanzas. Estamos libres de los obstáculos mayores y hemos encontrado los factores contributivos, tales como la posibilidad de estudiar los aspectos profundos y vastos de la enseñanza del Buda, de contemplar su contenido y de meditar su sentido. Por lo tanto, debemos aprovechar todas las oportunidades con el fin de evitar cualquier causa de pesar por el futuro y no tener vergüenza de nosotros mismos. Las palabras de Kadam Gueshe Sang-puwa subrayan este punto capital, me vienen a la memoria estos versos:

> Las enseñanzas y la escucha son justas cuando son benéficas para la mente. Un comportamiento controlado y disciplinado es el signo de que se han comprendido bien las enseñanzas. Cuando disminuyen las aflicciones es señal de que se medita. Se llama yogui a quien comprende la realidad.

Una cosa debería quedar muy clara: las enseñanzas del Dharma no tienen más que un único objetivo: disciplinar la mente. Los maestros deberían permanecer atentos y verificar que sus enseñanzas aportan beneficios a la mente de sus estudiantes. Sus enseñanzas deben derivar de su experiencia personal y de su comprensión del Dharma. Los estudiantes deberían también atender a las enseñanzas con el deseo de mejorar su mente. Deberían hacer un notable esfuerzo para controlar su mente indisciplinada. Por eso os exhorto a ser diligentes y a aplicar las instrucciones de los grandes gueshe kadampa. Nos han aconsejado aunar la mente y el Dharma. Por el contrario, si se tratan el conocimiento y la práctica como entidades distintas sin ninguna relación, la preparación podría resultar ineficaz. En el progreso de nuestra práctica espiritual, debemos examinarnos cuidadosamente y utilizar el Dharma como un espejo para contemplar en él los defectos de nuestro cuerpo, de nuestra palabra y de nuestra mente. Tanto el maestro como el discípulo deberían tener la motivación de ayudar al prójimo tanto como a sí mismos para poner en práctica las enseñanzas. Así se dice en la oración del *Lam rim*:

> Motivado por una potente compasión
> podré ser capaz de exponer el tesoro del Budadharma
> introduciéndolo en nuevos lugares
> y en lugares en los que ha degenerado.

La doctrina del Buda no es de orden material. Por lo tanto, la restitución y la difusión del budismo depende de nuestra interioridad o del continuum de nuestra mente. Cuando somos capaces de atenuar los defectos de la mente, sus cualidades se incrementan. Así pues, preservar y promover la doctrina del Buda significa operar transformaciones benéficas. La doctrina no es algo tangible, evidentemente; no se puede comprar o vender en el mercado ni elaborarla físicamente. Deberíamos, pues, prestar atención a los puntos fundamentales, tales como la práctica de las tres preparaciones: la renuncia, el espíritu del despertar o bodhichitta y la sabiduría que aprehende el vacío.

La responsabilidad de preservar y de proteger la doctrina del Buda está en las manos de quienes tienen fe en esta doctrina. A su vez, ésta depende de nuestra inclinación hacia el Buda y de nuestro respeto hacia él. Si no hacemos nada constructivo esperando que otros lo hagan por nosotros, evidentemente no pasará nada. Así que la primera etapa consiste en cultivar en nuestra mente las cualidades excelsas enseñadas por el Buda. Después de haber disciplinado correctamente nuestra mente, podemos esperar ayudar a los demás a disciplinar la suya. El gran Tsongkhapa lo ha dicho claramente que los que no se han disciplinado apenas tienen posibilidades de disciplinar al prójimo. El Acharya Dharmakirti ha expuesto este principio en términos muy claros:

> Cuando la técnica [te] es oscura
> la explicación es por naturaleza difícil.

Los bodhisattva que tienen esta intención se plantean como último objetivo alcanzar el despertar. Para llegar a ello, se comprometen a eliminar las emociones perturbadoras que afligen la mente. Simultáneamente, se esfuerzan por cultivar las más valiosas aptitudes. Siguiendo tal proceso, esto es, la eliminación de los defectos y el cultivo de las cualidades, es como un bodhisattva llega a ser capaz de ayudar a los demás seres vivientes. El *Comentario sobre el «Compendio de conocimiento válido»* (*de Dignaga*)[1] afirma:

> Los que están dotados de compasión emplean todos los medios para aliviar los tormentos de los demás.

Por lo tanto, aquellos de entre nosotros que tienen fe en las enseñanzas del Buda deberían hacer todo lo posible para desarrollar sus virtudes. Esto es de extrema importancia y es particularmente irrefutable en esta época, en la que la doctrina del Buda está en vías de degeneración.

Nosotros, los tibetanos, denunciamos y criticamos mucho a los chinos porque han causado mucha destrucción en nuestro país. Pero lo más importante, para los adeptos al budismo, es adherirse con diligencia a los principios de este último. Las enseñanzas no adquieren sentido más que cuando vemos las ventajas que procura la práctica, cuando asumimos la disciplina y operamos las transformaciones positivas en nuestro corazón. Asistir a conferencias no cumple la misma función, pues constituye un acto destinado a obtener información.

Podríamos preguntarnos qué rasgos distinguen a un auténtico practicante del Dharma. La práctica debería comenzar con la disciplina ética de la abstención de los diez actos no virtuosos. Cualquier actitud negativa del cuerpo, de la palabra y de la mente debería estar perfectamente identificada, y su antídoto, correctamente comprendido. Con este conocimiento fundamental, un individuo debería eliminar de su vida las acciones negativas, tales como robar, mentir, etc., y practicar la honestidad, la amabilidad y otras acciones virtuosas. Los monjes y las monjas ordenados deben seguir las reglas de la disciplina monástica en lo concerniente a la manera de llevar la ropa monástica, de comunicarse con los demás, etc. Las reglas de la disciplina monástica enseñan incluso la manera de mirar al prójimo y la forma de dirigirse a los otros.

Para un practicante del Dharma, uno de los mayores desafíos consiste en oponerse a las emociones perturbadoras hasta librarse de ellas definitivamente. La dificultad radica, sencillamente, en que las emociones perturbadoras nos han causado toda suerte de tormentos desde el principio de los tiempos. Si alguien nos tiraniza y un enemigo nos persigue, gritamos contra ellos. Los enemigos exteriores, por muy brutales que sean, no pueden afectarnos más que en el transcurso de una sola vida. Las emociones perturbadora, en cambio, son nuestros enemigos interiores y pueden causar estragos en nuestras vidas futuras. Son, de hecho, nuestros peores enemigos.

La verdadera prueba para un practicante del Dharma es la siguiente: si nuestras emociones perturbadoras se desvanecen, nuestra práctica ha sido eficaz. Eso, y no la apariencia de santidad, es lo que distingue a un verdadero practicante. Éste es el objetivo de la meditación: aminorar las aflicciones ilusorias de nuestra mente e incluso erradicarlas. Aprendiendo y practicando los aspectos profundos y vastos de la enseñanza, un experimentado practicante de la meditación sobre la inexistencia del ser adquirirá finalmente la comprensión de la realidad.

Nuestro compromiso consiste en enseñar y escuchar, y es esencial para nosotros conocer el modo correcto de hacerlo. El método eficaz de escucha consiste en eliminar los tres defectos del oyente que le convierten en un recipiente y en aplicar los seis propósitos que la favorecen.[2] El primero de los tres defectos es una escucha que evoca la imagen de un recipiente vuelto del revés. Es decir, que alguien está presente físicamente durante la enseñanza, pero su mente se afana en otro lugar. Así que mientras alguien le enseña, de hecho no escucha nada. En tal caso, no se presta atención alguna a la enseñanza y no se entiende nada de lo que se enseña. Debemos, pues, eliminar este problema y atender a la enseñanza con verdadero interés.

El segundo de los defectos consiste en escuchar de una manera que recuerda un recipiente agujereado. En otras palabras: pese a que se escucha las enseñanzas, no se retiene su contenido. En este caso, fallan la atención y la memoria. La práctica del Dharma significa que deberíais ser capaces de retener los beneficios de lo que habéis escuchado. No es un pasatiempo, como escuchar una historia. Las enseñanzas nos proporcionan instrucciones para llenar nuestra vida de sentido y nos muestran cómo desarrollar las actitudes justas. Así pues, para beneficiarnos de las enseñanzas debemos retenerlas atentamente. Si nos olvidamos inmediatamente de lo que hemos oído, estamos ante el defecto llamado del recipiente agujereado. Todo tipo de aprendizaje, bien se trate de escuchar, de leer, etc., debe retener toda nuestra atención y exige que hagamos el esfuerzo de recordar el contenido. Cuando nuestro interés se esfuma no retenemos más que la mitad de los puntos, y además, durante muy poco tiempo. Deberíamos reflexionar y meditar sobre todo lo que hemos escuchado y volver a ello una y otra vez. De esta manera, el conocimiento permanecerá alojado de forma duradera en nuestra mente. Otra técnica para recordar las instrucciones es la de los debates, tal como se practican en las escuelas tradicionales de debate.

El tercer defecto del oyente, en lo que concierne a la motivación, remite a un recipiente lleno de veneno. Cuando escuchamos las enseñanzas debemos evitar las motivaciones erróneas. Todas las actividades, en particular las prácticas del Dharma, como escuchar y leer los textos tradicionales, deben ser efectuadas con una sana motivación. Deberías disciplinar tu mente para, acto seguido, alcanzar gradualmente la condición de buda con el fin de hacer el bien a todos los seres. También os exhorto a no tratar el conocimiento del Dharma como si fuera una ciencia común que sirviera de sustento.

Ahora permitidme abordar el tema principal, el texto de Kamalashila titulado *Las etapas de la meditación*. El autor mostró una infinita bondad para con el Tíbet. El gran Tsongkhapa se refiere a él como un erudito digno de honor, título que le hace justicia. Entre los diversos tratados que compuso, *La luz de la vía media*[3] y el presente texto son los más eminentemente respetados.

La difusión de los tres textos de *Las etapas de la meditación* ha sido escasa. En las regiones del centro y del suroeste del Tíbet, apenas se conocía. Sin embargo, quizá se pudiera acceder al texto en rincones aislados y lejanos. Khounnou Lama Tendzin Gyaltsen lo recibió en el Kham y Serkyong Rinpoche lo recogió de sus labios. En aquella época, yo no estaba en disposición de recibir la transmisión, aunque lo deseaba. Pensaba entonces que, al no ser muy largo el texto, no me resultaría muy difícil recibirlo más tarde. Concentré mis mayores esfuerzos en la recepción de las enseñanzas de alguno de los tratados mayores, tales como el *Gran comentario sobre Kalacakra*, de Buton Rinchen Droup, el *Tantra abreviado de Kalacakra* y los seis volúmenes de las *Anotaciones sobre el gran comentario llamado luz inmaculada*.

Estaba en Suiza cuando recibí un telegrama en el que se me notificaba la muerte de Serkyong Rinpoche y se me informaba de que Yongdzin Ling Rinpoche estaba gravemente enfermo. Me di cuenta en seguida de que estaba pagando la pereza que me había impelido a no recibir las enseñanzas de *Las etapas de la meditación*. Me invadió entonces un profundo sentimiento de tristeza y de pérdida. Después de este suceso, pregunté a todos los lamas y gueshe que encontré quién podría guardar la línea de transmisión. Ahora bien, sucedió que en Bodhgaya conocí al sacerdote sakyapa Sangye Tendzin, que me confió que había recibido las enseñanzas de *Las etapas de la meditación* de un viejo lama del Kham que estaba en Lhasa en peregrinación. Dado que Khounnou Lama Rinpoche también había recibido la enseñanza en el Kham, debía tratarse de la misma línea. También me pareció que estaría bien que yo recibiera aquella enseñanza.

Anteriormente, cuando yo abordaba nuevos textos, consultaba a Yongdzin Ling Rinpoche. Pero ya no estaba en este mundo. En aquella época, el venerable Guen Nyima también estaba en Bodhgaya. Le resumí la situación y le pregunté su opinión. Le pareció buena idea. Así es como recibí la transmisión de la enseñanza del sacerdote sakyapa Sangye Tendzin. Me sentí profundamente feliz y favorecido por la suerte, lo que me liberó inmediatamente de mis remordimientos. Este sacerdote sakyapa es muy conocido y un maestro respetado entre los sakya. Hoy tiene cerca de ochenta años. Parece ser que no existe ningún comentario escrito sobre el texto, al menos yo no he visto nunca ninguno. El gran Tsongkhapa lo cita profusamente en su *Gran vía progresiva*[4] y pienso que es justo que me sirva de ello para apoyar mi comentario.

Kamalashila rindió un servicio considerable a la doctrina del Buda. Con una motivación inquebrantable y repleta de bondad, instituyó excelentes fundaciones para las enseñanzas del Buda durante su estancia en el Tíbet. El rey religioso tibetano Trisong Deutsen invitó a Acharya Shantarakshita y al guru Rinpoche Padmasambhava. Estos tres grandes seres consagraron sus vidas al país de las nieves, el Tíbet. Gracias a su colaboración se estableció correctamente en el Tíbet una forma completa de budismo que incluía los tantras. Acharya Shantarakshita temió que se produjesen algunas tergiversaciones y malas interpretaciones de la filosofía y dio la instrucción de invitar a Kamalashila a participar en posibles controversias. La historia nos revela que éstas fueron las razones por las que Kamalashila fue invitado al Tíbet y compuso *Las etapas de la meditación*. Al final de la primera parte, el autor declara que compuso el texto a instancias del rey Trisong Deutsen.

En beneficio del pueblo tibetano y para establecer la doctrina del Buda entre las gentes, el gran Kamalashila aceptó de buen grado acudir al Tíbet. Las tres partes de *Las etapas de la meditación* fueron escritas en el Tíbet y el maestro chino Hvashang fue el catalizador de su composición. No entraré a discutir su filosofía general, pero la interpretación de Hvashang en lo concerniente a la visión budista era completamente errónea. Acharya Kamalashila escribió este texto para prever la propagación de esas visiones erróneas. Podemos señalar aquí que en aquella época los grandes seres mostraban una gran autoridad en materia de erudición y de ética. Usaban un lenguaje muy refinado para refutar las visiones falsas y no convertían los debates en una cuestión personal. Preferían presentar una formulación clara y lúcida de la visión filosófica fundamental, de la meditación y de la conducta tal como el Buda les había enseñado. De esa manera, la doctrina del Buda eclipsaba las visiones inferiores y erróneas, que desaparecían por sí mismas. Este texto ha tenido, pues, una estrecha vinculación con el Tíbet, el país de las nieves, de orden kármico.

Es evidente que el autor, Kamalashila, fue extremadamente bondadoso con respecto a los tibetanos. Pero la historia nos revela que los tibetanos cometieron varios errores en lugar de mostrarle su gratitud.[5] Se produjeron algunos incidentes. Si se los considera desde otro ángulo, recuerdan un dicho tibetano: «Allá donde el Dharma se expande, el demonio también trabaja». Con el fin de establecer en el Tíbet instituciones temporales y espirituales destinadas a perdurar, el guru Rinpoche creó las condiciones favorables y bendijo el entorno. Pero, incluso en aquella época, había gentes que decían cosas que no resultaban de gran ayuda. Hasta parece que, llegado el caso, el mismo rey no cumplió todos los deseos del guru Rinpoche.

Es triste señalar estos hechos. Seguro que hay otras maneras de considerar las cosas. Los buda y los bodhisattva no tienen otra

25

cosa que hacer que obrar en provecho de todos los seres. El señor Avalokiteshvara, que mantenía estrechos vínculos con el Tíbet, llevó a cabo grandes proezas gracias a sus numerosas manifestaciones. Sin embargo, nosotros los tibetanos debemos hacer frente hoy a problemas sin·fin. A pesar de ello no debemos perder la esperanza: la situación internacional es maleable y cambiante. La verdad es un bien precioso y siempre encuentra apoyos. Hemos sido capaces de poner los fundamentos de nuestro porvenir. Todos deberíamos actuar con diligencia para satisfacer nuestro interés personal en esta vida y en las vidas por venir, prestando también atención a la causa común. Tenemos todos la suerte de poder estudiar este texto maravilloso. Sería una muestra de sabiduría por nuestra parte aprender sus preceptos fundamentales e intentar transformar nuestra vida.

En el contexto de las enseñanzas budistas, el desarrollo de una actitud favorable es muy importante. Os exhorto a escucharme con una sana motivación, pensando: «Voy a escuchar *Las etapas de la meditación* del gran Kamalashila para alcanzar el supremo despertar para el bien de los seres cuyo número es tan vasto como infinito es el espacio». La calidad de toda acción del cuerpo, de la palabra y de la mente está ante todo determinada por la motivación. Toda acción realizada con una motivación correcta conduce a la virtud y a la felicidad y se convierte también en una causa para la conquista del despertar a largo plazo. Por el contrario, cuando la sana y buena motivación falta, incluso las prácticas aparentemente espirituales podrían tener consecuencias nefastas en lugar de virtuosas. Y ya que la línea de demarcación entre ambas es muy tenue, cada individuo debe prestar una especial atención a este aspecto de la motivación.

En este texto, el autor presenta la esencia de la vía de los vehículos del Hinayana y del Mahayana. Expone la manera de practicar la bhodichitta relativa o convencional y las seis perfecciones[6] poniendo singular énfasis en la meditación de la calma mental y de la visión superior. Los que de entre vosotros seáis neófitos y no estéis acostumbrados a los modos y procedimientos de la práctica de las enseñanzas budistas deberíais intentar comprender este texto de manera coherente, porque, al apoyaros en este conocimiento, podréis pronto comprender otros tratados sin grandes dificultades. Este texto puede ser una llave que permita abrir la puerta del resto de grandes obras budistas.

NOTAS

1. El *Pramanavarttikkakarika* de Dharmakirti.

2. La humildad, la fe, el esfuerzo, la no distracción, la apertura, el valor.

3. El *Madhyamakaloka*.

4. El *Lam-rim chen-mo*, la obra mayor de Dje Tsongkhapa, donde el *Bhavanakrama* es abundantemente citado y comentado.

5. Parece ser que Kamalashila murió en el Tíbet, asesinado por razones no del todo claras.

6. Las seis perfecciones o paramita: la generosidad, la ética, la paciencia, el esfuerzo entusiasta, la concentración meditativa y la prudencia.

1

¿Qué es la mente?

No es posible que se produzca la omnisciencia sin causas, porque si así fuese, todo participaría permanentemente de la omnisciencia. Si las cosas acontecieran sin apoyarse sobre otras, existirían sin tensiones; no habría ninguna razón para que las cosas no fueran omniscientes. Por lo tanto, ya que todas las cosas eficientes se producen sólo ocasionalmente, dependen estrictamente de sus causas. La omnisciencia es también rara porque no se produce en todos los momentos y en todos los lugares. De lo que se deduce que depende definitivamente de causas y de condiciones.

SEGÚN ESTE TEXTO, hay dos tipos de fenómenos existentes: los que existen de manera permanente y los que existen con intermitencia. ¿Qué implica la existencia de esta segunda manera? ¿Una existencia en algunos momentos y no en otros? Semejante cuestión emerge de forma natural. Implica la consecuencia de que las cosas temporales dependen de causas. El hecho de que algunas cosas acontezcan en algunos momentos implica la existencia de causas. La afirmación según la cual ciertos fenómenos suceden en algunos momentos y no en otros indica que no se producen independientemente, sino más bien que dependen de otras condiciones. Por lo tanto, todos los fenómenos que se producen en algunos momentos y no en otros dependen de diversas causas y condiciones. Las causas pueden ser de diferentes tipos: causas sustanciales, causas directas, causas indirectas, causas de estados semejantes, causas concomitantes, etc. También existen diferentes tipos de condiciones: condiciones objetivas, causales, inmediatas, etc. Así pues, los fenómenos que dependen de causas y condiciones cambian por naturaleza, no arraigan en ningún lugar ni son permanentes.

Los fenómenos condicionados pueden a su vez ser clasificados en tres categorías: los pertenecientes a las formas, los que atañen a la conciencia, y los que no se adscriben ni a la forma ni a la conciencia. La forma consiste en diversos aspectos, como la configuración, el color, y otros que se pueden ver y tocar. La conciencia no tiene forma ni color, no puede ser medida de ninguna manera en términos físicos, pero existe en tanto que naturaleza y porque capacita para sentir y experimentar. Por otra parte, el tiempo, que no tiene ni forma ni conciencia, pertenece a la tercera categoría.[1]

La sabiduría trascendente omnisciente remite a la conciencia que conoce todas las cosas. La conciencia no es una cualidad que se encuentre en el suelo, entre los guijarros y las rocas o en las montañas. Está vinculada a la capacidad de ser consciente de los objetos y, por lo tanto, no puede darse en ningún ser que no tenga la propiedad de ser consciente. Naturalmente, el estado de omnisciencia es el fin último que engloba todas las perfecciones, y entre las tres categorías de fenómenos condicionados, se clasificará en la categoría de la conciencia. Conocer o comprender, tal es la función de la mente. Por ejemplo, cuando decimos «entiendo» o «veo» y tenemos una experiencia o un sentimiento de ello, esa experiencia es producida por la conciencia. Cuando la conciencia del ojo percibe una forma física, decimos: «veo la forma física», y cuando la conciencia mental experimenta felicidad o sufrimiento decimos: «soy feliz» o «sufro». Así, cuando decimos «noto», «veo» o «entiendo» y así sucesivamente, es la conciencia la que opera en tanto que agente. La conciencia, pues, es la que desempeña la función de conocer.

Las conciencias se clasifican según el alcance de sus conocimientos y por su intensidad o agudeza. La conciencia de un ser humano es un ejemplo flagrante, si se la compara con una conciencia animal. La percepción de un ser humano es mucho más amplia y puede abarcar un número mucho mayor de objetos. La conciencia de un ser humano varía con la educación y la experiencia: cuanto más formación y experiencia tengas, más amplia será tu conciencia. El conocimiento y la comprensión se desarrollan sobre la base de una conciencia que tiene la capacidad de percibir sus objetos. Cuando se reúnen las condiciones necesarias, su capacidad de percibir aumenta y el espectro de los objetos de conocimiento se despliega, mientras que la comprensión se vuelve más profunda. Así es como la mente puede desarrollar plenamente su potencial.

La omnisciencia es el apogeo o la perfección de la capacidad mental para percibir los objetos. La mente es omnisciente en el sentido que puede conocer todas y cada una de las cosas sin ser obstaculizada por las variaciones del tiempo y del espacio. La sabiduría que conoce todas las cosas procede de la conciencia y, por definición, es el producto de causas y de condiciones. Por lo tanto, ni siquiera la sabiduría omnisciente puede sobrevenir sin sus causas. Si no fuera así y una mente omnisciente pudiera surgir sin causas, implicaría que toda conciencia sería omnisciente. Esto es así porque si las cosas se produjeran sin causas ni condiciones, bien deberían existir en todo momento, bien deberían ser totalmente inexistentes. «Si las cosas acontecieran sin apoyarse en otras, no habría ningún obstáculo para alcanzar la omnisciencia.» Es decir, que si las cosas sucedieran sin depender de otras causas y condiciones, no habría ninguna razón lógica para que tuvieran lugar en unas determinadas coordenadas espacio-temporales. Ya que no es así, es lógico decir que todas las cosas no pueden ser omniscientes. Por estas razones, los fenómenos eficientes se producen en unos momentos y no en otros. En un cierto momento, cuando se dan las condiciones favorables y las condiciones adversas se disipan, una conciencia puede ser transformada en omnisciencia, es decir, en conocimiento de todos los fenómenos.

Dado que las cosas no se producen en todo momento y en todo lugar, dependen de causas y de condiciones. En el seno de la red de dependencia mutua de causas y condiciones, los que aspiren al fruto último de la omnisciencia deberían desarrollar las causas y las condiciones, las causas y las condiciones completas y correctas. Además de esto, los aspirantes deben estar muy motivados en su objetivo. Por lo tanto, queda demostrado que la omnisciencia depende de causas y de condiciones.

Como explica Asanga en el *Compendio de conocimiento*[2] a propósito de los efectos engendrados por sus propias causas y sus condiciones, las condiciones son: las condiciones no cambiantes, las condiciones no permanentes y las condiciones potenciales. Lo que se ha dicho más arriba se refiere a las condiciones no permanentes. Cuando nos preguntamos cómo la omnisciencia puede ser engendrada a partir de la conciencia, hablamos de sus condiciones potenciales. La capacidad de ser consciente de los objetos es una cualidad propia de la conciencia. La misma naturaleza de la conciencia es la de ser clara y consciente. Esto se manifiesta bajo el aspecto del objeto que aprehende. Este atributo de conciencia clara no es algo nuevo creado por otros factores.

Ahora la cuestión es saber cómo la conciencia clara puede crecer y expandirse hasta alcanzar una escala ilimitada. La capacidad de ser consciente de sus objetos es propia de la conciencia, pero hay cosas que impiden a la mente abrirse a una dimensión de total conocimiento. La cuestión siguiente concierne a la manera en la que surgen dichos obstáculos. Hemos de considerar cómo tales obstáculos pueden ser eliminados. Lo que impide a la conciencia ser claramente consciente de sus objetos es la ignorancia, que es la concepción errónea de una existencia real, lo que también se designa como ignorancia que se adhiere a un extremo, el de la cosificación.

Cuando hablamos de ignorancia, queremos decir bien que a la conciencia le faltan algunas condiciones favorables, bien que alguna condición adversa le impide ser claramente consciente de su objeto. La ignorancia de creer sin ningún motivo en una existencia real es el origen de los diferentes tipos de ignorancia; la que lleva las riendas, por así decirlo. Y esta ignorancia es el obstáculo principal. Merced al análisis llegamos a la conclusión de que esta ignorancia es algo que debe ser disipado y eliminado. Los defectos de la mente nacen ante todo de la ignorancia y de su potencial latente. Tenemos que proceder a un examen y determinar si la ignorancia puede ser separada de la mente o si la ignorancia puede cesar. En este contexto, la ignorancia no es simple estupidez, sino la concepción errónea de una existencia real. Se trata de una mente que interpreta al revés y de manera perversa su objeto. Por lo tanto, la podemos eliminar cultivando el antídoto de una comprensión libre de errores.

Pero tanto la ignorancia que entraña creer en una existencia real como su antídoto dependen de causas y condiciones. Son parecidos en el sentido en que ambos crecen cuando están en condiciones favorables, y dejan de existir cuando se enfrentan a factores opuestos. Podríamos preguntarnos, entonces, qué los distingue. Ya que la ignorancia es una concepción errónea de una existencia real, una mente que se equivoca respecto a su objeto no puede desarrollarse indefinidamente. Es así porque no tiene soporte válido. Dicha mente incurre en el error o es perversa en el sentido en que concibe el objeto de una manera que es contraria al modo de existencia verdadero del objeto. La mente que percibe la inexistencia del yo es el antídoto o el opuesto, y no se equivoca en lo relativo a su objeto. Es decir, que acierta respecto a su objeto, lo que significa que la manera en la que percibe su objeto es conforme al modo de existencia auténtico del objeto. Y dado que no es una percepción errónea, posee un soporte válido.

Ya ha quedado establecido que se puede acabar con la ignorancia que entraña creer equivocadamente en una existencia real. Esto es posible porque la mente ignorante no tiene como soporte ninguna cognición válida.[3]

Por el contrario, la mente que percibe la naturaleza insustancial de un objeto tiene como soporte una cognición válida. Existe una completa contradicción en la manera en que cada una de las dos mentes percibe los objetos. La mente que percibe la naturaleza desprovista de ser de un objeto es un antídoto poderoso contra la mente ignorante, y por eso la mente ignorante puede ser vencida. Esto es análogo a la manera en que se puede reducir algún aspecto del sufrimiento humano cuando se aplican las medidas apropiadas para hacerle frente. Está en la naturaleza de las cosas que su potencial pueda ser reducido a la nada cuando se le oponen factores contrarios.

La mente que percibe la realidad está concebida como una conciencia clara trascendente, una cualidad de la mente. Tiene como soporte una cognición válida. La naturaleza de la mente es tal que, cuando la acostumbras a aprovechar sus cualidades, éstas pueden ser desarrolladas sin límites. A diferencia de las de la mente, las cualidades del cuerpo no tienen la capacidad de poder crecer hasta el punto de sobrepasar cualquier límite. Esto se debe sencillamente al hecho de que el cuerpo está compuesto de elementos primarios y que los atributos de tales formas primarias no tienen el potencial de desarrollarse sin límites.

Cuando se dice que la mente ignorante es perversa o está en el error, se habla de la manera en que yerra a propósito de la realidad. Así pues, las cuestiones pertinentes son las siguientes: ¿Qué es la realidad? ¿Cómo yerra la mente a propósito de la realidad? ¿De qué manera la mente capta falsamente la realidad? La realidad o el vacío de la existencia real es algo que debe establecerse mediante la lógica. Existen razones válidas y perfectas que prueban el vacío de la existencia inherente, y podemos convencernos por esas razones. Por el contrario, no existe ninguna manera lógica de probar la existencia real. La existencia real es lo que percibe una conciencia ordinaria no preparada. Pero cuando se la somete a un análisis lógico y riguroso, deja de percibirse. Incluso en la vida cotidiana, se aprecia muchas veces una contradicción entre la manera en la que algunas cosas se nos presentan y su verdadera existencia; y ello es debido a que la existencia real de las cosas es diferente de la manera en la que parecen existir. Se puede encontrar fácilmente un modo de ilustrar esto: en las actividades mundanas, se habla con frecuencia de alguien que está decepcionado o desilusionado. La desilusión procede del foso que separa la manera en que se presenta una situación y lo que ésta es verdaderamente.

Examinemos, pues, nuestra situación en tanto que seres humanos. En comparación con la de los animales, nuestra mente es infinitamente más poderosa. Nos es posible dilucidar si hay una realidad más allá de lo aparente, mientras que los animales no se relacionan más que con lo que se les presenta. Esto resulta evidente, aunque las diferentes personas tengan distintas capacidades mentales. Una observación más detallada nos lleva a constatar que muchas de las mentes consideradas preclaras incurren en errores cuando llegan a niveles más profundos. El verdadero modo de existencia de los fenómenos es distinto de cómo lo perciben estas mentes. Percibimos habitualmente la realidad o el vacío como algo distinto de su modo de existencia real. Nuestra percepción de cosas no permanentes, como las cadenas montañosas o las casas, no coincide con su modo real de existencia. Algunas de estas cosas existen desde hace muchos siglos o incluso millares de años. Y nuestra mente las percibe solamente así, como duraderas y permanentes, insensibles a los cambios temporales. Sin embargo, si examinamos estos objetos a nivel atómico, comprobamos que se desintegran a cada instante y sufren cambios constantes. La ciencia describe también esa forma de cambio. Esos objetos parecen sólidos, estables y duraderos, pero en su verdadera naturaleza cambian constantemente, no permanecen inmutables un solo instante.

NOTAS

1. Se trata de formaciones kármicas no dependientes ni de la forma (o materia) ni de la conciencia, categoría que agrupa todo tipo de fenómenos y de conceptos abstractos, tales como los de lugar, de tiempo, de número, de colección, de orden o secuencia, de lazo, de distinción, de velocidad, de persona, de vida, de no permanencia, de nacimiento, de vejez, de estado de no percepción, de similaridad de especie, los grupos de nombres, de palabras, de letras, etc.

2. El *Abhidharmasamuchchaya*, de Asanga, texto de Abhidharma mahayana.

3. tib.: *tshad ma*; sánscr.: *pramāṇa*. Una cognición válida o modo de conocimiento justo (o probado) es una cognición que permite captar sin error un objeto de conocimiento. Según el budismo, existen dos tipos: las percepciones directas (tib.: *mngon sum*; sánscr.: *pratyakṣa*) y las inferencias que permiten conocer un fenómeno parcialmente escondido gracias al razonamiento lógico (véase el capítulo 3).

2

La preparación de la mente

E S ESENCIAL ESTUDIAR y adquirir una educación. La preparación de la mente requiere práctica. En el contexto budista, la meditación opera una transformación positiva de la mente, es decir, elimina sus defectos y mejora sus cualidades. Gracias a la meditación, podemos preparar nuestra mente de modo que se disipen los defectos y se realcen las cualidades. En general, hablamos de dos tipos de meditación: la analítica[1] y la unificadora.[2] Para empezar, se somete el objeto de nuestra meditación a un proceso analítico en el cual intentamos repetidamente familiarizarnos con la materia del objeto. Cuando el practicante ha obtenido una cierta convicción en lo que concierne al objeto de meditación, concentra su mente sobre él sin más análisis. La combinación de las meditaciones analítica y de concentración es una técnica eficaz para habituar la mente a la meditación y así prepararla correctamente.

Debemos reconocer que es importante preparar la mente. Esto se deriva del hecho fundamental de que todos y cada uno de nosotros deseamos profundamente la felicidad y rechazamos el sufrimiento. Es una característica natural del hombre, no hay que crearla. Es, además, un deseo legítimo. Pero la pregunta es: ¿cómo lograr la felicidad y rechazar el sufrimiento? El fin último de la educación es dotarnos de los medios para obtener la felicidad y evitar la desdicha. Los individuos se someten al proceso educativo con el fin de poder gozar de una vida sensata y exitosa. Con la educación podemos acrecentar la felicidad y reducir el sufrimiento. La educación adopta diferentes formas; no obstante, esencialmente todas tienden a ayudarnos a preparar y forjar la mente. La mente gobierna el cuerpo y la palabra y, por lo tanto, toda preparación del cuerpo y de la palabra ha de empezar por la mente. En otras palabras, para que tenga lugar una preparación física y verbal, debe haber una motivación de antemano. La mente ve las ventajas de tal preparación y desarrolla el interés por ella. El propósito de la preparación de la mente es hacer satisfactoria nuestra vida. Durante este proceso de preparación de la mente aprendemos infinidad de cosas nuevas y también somos capaces de detectar e identificar numerosos defectos o cosas que pueden ser erradicados o corregidos. Entonces, la tarea a la que debemos aplicarnos consiste en descubrir los medios y los métodos que nos permitan, por una parte, eliminar lo que es erróneo y, por otra, reunir las condiciones propicias para la transformación de nuestra mente. Es de una importancia crucial. En nuestra vida cotidiana, la educación nos ayuda a dar con los factores que nos conducen inequívocamente hacia la felicidad. En el curso de ese proceso, también somos capaces de abandonar los factores que nos hacen desgraciados. Así, merced a la educación, tendemos a hacer nuestra vida feliz y digna de ser vivida.

Si examinamos nuestra vida en el contexto social, constatamos que la educación desempeña un papel fundamental. En determinadas situaciones, nuestro éxito depende de nuestra actitud física, verbal y mental. Y dado que la mente es el patrón, es esencial disciplinarla. Las alegrías o las penas de la vida dependen del poder o la inteligencia de la mente. Y la manera en que dichas experiencias afectan a nuestra vida depende también de nuestra mente. El comportamiento de nuestro cuerpo, de nuestra palabra y de nuestra mente actuales pueden también condicionar nuestra actuación futura. Y ésta a su vez depende del cariz de nuestra mente. Cuando utilizamos mal nuestro potencial intelectual, cometemos errores y sufrimos sus desagradables consecuencias. Por el contrario, cuando el potencial intelectual es hábilmente explotado, gozamos de resultados favorables y agradables. Nuestros estados mentales y la manera en la que la mente percibe diferentes cosas nos afectan enormemente. Algunas personas, gracias a que controlan su mente, apenas se perturban por el fracaso y las circunstancias adversas. Es un ejemplo suficientemente claro que muestra por qué es tan importante domar y preparar la mente.

Después de haber considerado la importancia de la preparación de la mente, podríamos ocuparnos de definir qué es la mente. Cuando lo preguntáis, la mayoría de la gente se rasca la cabeza y luego señala su cerebro. En parte es verdad, porque estamos hablando más concretamente de la mente humana. La mente humana no existe independientemente del cuerpo humano. Se designa como conciencia humana una conciencia que tiene una relación particular con un cuerpo humano. Y se designa como conciencia animal una conciencia que tiene una relación particular con un cuerpo animal. La mente humana o la conciencia de la que hablamos ahora está constituida por un sinfín de estados de ánimo, unos sutiles y otros primarios. Muchos de los primarios están ligados a un órgano sensorial, como el ojo, y muchos otros están íntimamente ligados al cerebro. Es evidente que estas bases o factores externos son necesarios para la manifestación de una conciencia. Pero la causa principal de toda mente es el momento de conciencia precedente, en el cual la naturaleza deviene claridad y lucidez. Es lo que se quiere expresar al hablar de condición inmediata.

En las *Cuatrocientas estancias*[3] de Aryadeva se menciona la exigencia lógica según la cual la causa original de una conciencia debe tener el potencial de transformarse y poseer una naturaleza a la vez clara y consciente. Si fuera de otra manera, la conciencia no podría manifestarse jamás, o bien se manifestaría en todo momento, lo que es evidentemente inaceptable. Toda acción deja una huella en el seno de nuestra conciencia mental,[4] y en consecuencia podemos recordar la experiencia al cabo de un mes o un año, o incluso diez años después o más. Es lo que se llama despertar una fuerza latente. Esta fuerza ha sido transmitida por la continuidad de la conciencia, y cuando se combinan las condiciones necesarias, la marca latente del pasado vuelve a la superficie. Hablamos así del despertar de impresiones latentes de las vidas pasadas. Sin embargo, el vínculo entre la mente y el cerebro no basta para describir los aspectos sutiles de una fuerza latente. La comprensión de esta noción de fuerza latente puede ayudarnos a obtener cierta idea de lo que es la vida, así como la formación y la desintegración del universo. Puede también resolver algunas dudas que conciernen a nuestro pensamiento humano, nuestras supersticiones y todo tipo de proyecciones mentales.

La filosofía budista describe muy claramente las instrucciones y los métodos que propiciarán el alcance de una mente omnisciente, la cualidad más elevada de la mente, que no es otra que el apogeo de su potencial y su poder. Para lograr ese fin último que es la mente omnisciente, debemos aprender sus causas completas y correctas. También debemos asegurarnos de que seguimos el orden correcto de preparación. Por eso el texto prosigue:

Y entre las causas y las condiciones, deberás cultivar las causas correctas y completas. Si pones en práctica las causas erróneas, aunque trabajes duro y durante mucho tiempo, el objetivo deseado no será alcanzado. Será como querer ordeñar un cuerno [de vaca]. Asimismo, el resultado no se producirá si cada causa no ha producido su efecto. Por ejemplo, sin la semilla, el resultado, el brote, no

se producirá. Por lo tanto, los que deseen obtener un resultado par-
ticular deben cultivar sus causas y sus condiciones en su integridad
y sin error.

Junto a la reunión de las causas correctas al completo, la preparación de las causas en un buen orden es esencial para permitir a la
mente abrirse y llegar a ser omnisciente. Por ejemplo, para preparar un plato delicioso, no basta con el simple hecho de reunir los
ingredientes necesarios. Tenemos que saber cómo combinar distin-
tos productos tales como el aceite, las especias, y así sucesivamente, para obtener el sabor deseado.

Si te preguntas: «¿Cuáles son las causas y las condiciones del
fin último de la omnisciencia?», [yo], que me asemejo a un ciego,
no sería quizá capaz de explicártelas, pero utilizaré las mismas
palabras del Buda, tal como las pronunció ante sus discípulos
tras su despertar. Dijo entonces: «Vajrapani, señor de los miste-
rios, la sabiduría trascendente de la omnisciencia hunde sus raí-
ces en la compasión y emerge de causas: el pensamiento altruis-
ta, el espíritu del despertar de la bodhichitta y la perfección de
los medios adecuados». Por lo tanto, si estás interesado en el lo-
gro de la omnisciencia, debes practicar estas tres cosas: la com-
pasión, el espíritu del despertar o bodhichitta y los medios ade-
cuados.

Aquí Kamalashila cita las palabras del Buda y establece cuáles
son las causas correctas y los medios para adquirir la omnisciencia. Dice que cualquiera que desee alcanzar la omnisciencia debería
practicar el espíritu del despertar de la bodhichitta, que se apoya en
la compasión. La práctica debería basarse en las seis perfecciones,
poniendo un acento particular en la unión de las meditaciones de la
calma mental y de la visión superior. Por lo tanto, se debería consi-

derar que los aspectos de la práctica denominados método y sabiduría son complementarios hasta el punto de ser inseparables. Otra
implicación: la compasión es la raíz de la doctrina del Buda, y el
corpus entero de las enseñanzas comprendidas en el gran vehículo
y el vehículo menor reposa sobre la base de la compasión.

NOTAS

1. tib.: *dpyad-sgom*.
2. tib.: *rtse-gcig*, en un único punto, equivalente aquí de *'jog-sgom*,
meditación de acceso o de concentración directa sobre un objeto, sin razonamiento implicado.
3. El *Catursataka*, obra del principal discípulo de Nagarjuna en la
que difunde el pensamiento de su maestro.
4. Se trata de la impresión o huella kármica (sánscr.: *vāsanā*; tib.: *bag-
chags*) que se imprime en la conciencia cada vez que se realiza un acto, y
que lleva la semilla de una situación futura de la misma naturaleza que el
acto que acaba de ser realizado.

3

La compasión

Conmovidos por la compasión, los bodhisattva asumen el voto de liberar a todos los seres.

L A COMPASIÓN ES ESENCIAL en el estadio inicial, pero también durante y al final del desarrollo espiritual. Según esta popular doctrina, los bodhisattva, los grandes seres que están imbuidos de una fuerte motivación y movidos por la compasión, hacen el juramento de alcanzar el estado de omnisciencia por el bien de todos los seres. Esta determinación es el espíritu del despertar de la bodhichitta, que es un pensamiento altruista nacido de la compasión.

Después, poniendo fin a sus visiones egocéntricas, se obligan con ardor y continuamente a las muy difíciles prácticas de la acumulación de méritos y de la visión profunda.

Gracias al poder obtenido al desarrollar el espíritu del despertar de la bodhichitta, resisten la preparación de los bodhisattva, que comprende las seis perfecciones, sin preguntarse cuánto tiempo hará falta para llevarlas a cabo. Como resultado gradualmente se vuelven capaces de acumular inmensos méritos y una visión profunda sin muchos esfuerzos.

Habiéndose así iniciado en esta práctica, concluyen con toda seguridad la acumulación de méritos y la visión profunda. Se compara este logro de la acumulación [doble] de méritos y de la visión profunda con el hecho de tener la omnisciencia misma. Por lo tanto, y dado que la compasión es la única fuente de la omnisciencia, deberíais acostumbraros a esta práctica desde el principio.

Aquí, el autor menciona que la compasión es la única fuente o único fundamento de la omnisciencia. La palabra «única» permite insistir en el hecho de que la compasión es una causa esencial de la omnisciencia, pero no sirve para negar la presencia de otras causas y condiciones. Pone el acento en el hecho de que la compasión es una causa necesaria, porque la omnisciencia no puede lograrse sin la compasión. Pero si bastara la compasión por sí sola, contradiría la afirmación precedente respecto a la necesidad de adiestrarse en la compasión, en el espíritu del despertar de la bodhichitta y en los medios idóneos.

Se lee en el Compendio del perfecto Dharma:[1] *«Oh, Buda, un bodhisattva no debería adiestrarse en numerosas prácticas. Si un bodhisattva se atiene correctamente a un único Dharma y lo asume a la perfección, reúne todas las cualidades de un buda en la palma de la mano. Y si preguntas cuál es este Dharma, la respuesta es: la gran compasión».*

Aquí, el Buda insiste con fuerza en la importancia de la compasión. Sobre la base de la compasión se engendra el espíritu del despertar de la bodhichitta y los individuos se comprometen a las actividades de un bodhisattva, alcanzando así el despertar. Esta tesis tiene su corolario: sin compasión no puedes cultivar el supremo espíritu del despertar de la bodhichitta, que procura más cuidado al prójimo que a uno mismo. Sin esa actitud altruista es imposible practicar actividades de bodhisattva del Mahayana tales como las seis perfecciones. Y si no seguís este procedimiento, os será imposible consumar el estadio omnisciente de la condición de buda. Por todo esto la compasión tiene tanta importancia.

Los buda ya han logrado su propio fin,[2] pero permanecen en el ciclo de las existencias tanto tiempo como permanecen los seres. Esto es así porque están imbuidos de una gran compasión. Así que no entran en la morada inmensamente beatífica del nirvana como hacen los oyentes. Tomando en consideración ante todo el interés del prójimo, abandonan la morada apacible del nirvana como si se tratara de un edificio de metal incandescente. Por lo tanto, sólo la gran compasión es la causa del nirvana no estático de los buda.

La compasión es eminentemente alabada en numerosos tratados y no se puede más que insistir en su importancia. Chandrakirti rinde un generoso homenaje a la compasión, diciendo que es esencial en las etapas inicial, media y final de la vía hacia el despertar.

En primer lugar, se engendra el espíritu del despertar de la bodhichitta tomando como base la compasión. La práctica de las seis perfecciones es esencial cuando un bodhisattva se prepara para alcanzar el objetivo final. En la etapa intermedia, la compasión también es pertinente. Incluso después del despertar, es la compasión la que incita a los buda a no permanecer en el estado beatífico de un nirvana autosatisfactorio.[3] Es la fuerza motivadora que hace a los buda capaces de entrar en el nirvana no estático[4] y actualizar el cuerpo absoluto,[5] que representa el cumplimiento de su propio objetivo, y los cuerpos formales,[6] que representan el cumplimiento de las necesidades del prójimo. Así, por el poder de la compasión, los buda sirven sin descanso a los intereses de los seres, mientras dure el espacio. Esto demuestra que la importancia del espíritu del despertar de la bodhichitta sigue siendo crucial incluso después del logro del destino final. La referencia de Kamalashila a otro tratado compuesto por Chandrakirti apoya la validez de esta tesis y también presenta la ventaja de permitirle persuadir a su audiencia.

En general, en la tradición búdica, no se debe intentar demostrar la validez de las visiones filosóficas apelando tan sólo a la autoridad de las escrituras. De hecho, los individuos deben apoyarse ante todo en la lógica y en los razonamientos para que nazcan la fe y la convicción en la filosofía. A grandes rasgos, se pueden clasificar los objetos de conocimiento en fenómenos evidentes, fenómenos parcialmente ocultos y fenómenos totalmente ocultos. No hay ninguna necesidad de recurrir a la lógica para probar la existencia de los fenómenos evidentes. Podemos experimentarlos y comprenderlos directamente, y así comprobar su existencia. Pero dado que los fenómenos parcialmente ocultos no pueden ser confirmados por la experiencia directa, para demostrar su existencia necesitamos emplear la lógica. El objeto del análisis es entonces comprendido mediante un conocimiento por inferencia, que se apoya en la experiencia. Pueden ser necesarios algunos razonamientos para alcanzar este fin. Pero la gente cuyo nivel de comprensión está aún en un estado inicial de desarrollo, decididamente no puede examinar los objetos completamente ocultos con ayuda de la ciencia lógica. Así como tampoco se puede establecer la existencia de tales fenómenos a partir de nuestra propia experiencia. Es, pues, al llegar a este nivel cuando debemos apoyarnos en unas escrituras cuya autoridad sea válida.

La fiabilidad o autoridad de las enseñanzas de las escrituras debe establecerse en primer lugar; también el valor o la credibilidad del enseñante que imparte tales enseñanzas debe haber sido probado. La autoridad de las escrituras debe resistir un triple análisis: que las enseñanzas que conciernen a los fenómenos evidentes no se contradigan con la percepción directa; que las enseñanzas que conciernen a los fenómenos parcialmente ocultos no sean contradichas por la cognición por inferencia, y que las enseñanzas a propósito de fenómenos muy oscuros no sean contradichas por el conocimiento inferencial que se apoya en la fe. A su vez, la validez de tal autoridad de las escrituras debería someterse a la prueba del razonamiento lógico.

Como se ha dicho que las enseñanzas son justas o válidas respecto al sentido principal o al fin primero, su validez en lo que concierne a otros fines puede ser determinada por la inferencia. Nuestro fin principal es alcanzar un perpetuo estado de bondad [el nirvana u omnisciencia], mientras que la obtención de un renacimiento en tanto que ser humano o dios es un fin ordinario. Así pues, cuando no se advierte deficiencia alguna en el examen lógico en las enseñanzas que proponen una progresión hacia la realización del bien último, es simplemente imposible que tales enseñanzas sean erróneas en lo que concierne a los fines ordinarios. Es una cuestión de sentido común que cuando una cosa es verdadera a propósito de los aspectos más difíciles de una problemática, tanto más lo es en lo que concierne a los temas más simples.

Además, el enseñante que dispensaba estas enseñanzas era una persona respetable y fiable. Acumulaba experiencia en la práctica de la compasión, y dado que poseía una gran compasión, estaba auténticamente motivado para ayudar a todos los seres. Impulsado por esa gran compasión, impartió estas enseñanzas con el fin de mostrar el desarrollo del proceso que le había ayudado a eliminar los obstáculos y a trascenderlos en el estadio de la más alta perfección. El Buda enseñó a la luz de su propia experiencia y, dado que poseía la virtud de la aprehensión directa de la realidad última, era extremadamente competente para revelar la verdad. Su entrega incondicional era infatigable, preparado como estaba desde los eones para obrar en beneficio del resto de los seres, fuera cual fuera la tarea exigida. Comprender estos puntos y reflexionar sobre ellos debería ayudarnos a convencernos de la validez de sus enseñanzas.

Por estas razones es prudente, se dice, citar textualmente algunas enseñanzas para apuntalar una tesis o una práctica. Tal procedimiento persigue un objetivo importante: disipar numerosas dudas injustificadas y abrir nuevas perspectivas.

NOTAS

1. El *Dharmasamgitisutra*, tib.: *Chos yang dag par bsdud-pa'i mdo*.

2. Es decir, el despertar completo por la aprehensión de la sabiduría.

3. Según el Mahayana, el nirvana en el que permanecen los arhat del Hinayana es un nirvana estático (sánscr.: *pratiṣthanirvāṇa*), un estado de cese del sufrimiento y de sus causas, y de retirada definitiva del samsara, sin posibilidad de ayudar a los seres que están todavía hundidos.

4. Siempre según el Mahayana, los aryabodhisattvas y los budas, aunque liberados del samsara y de sus causas, no cesan por eso de obrar en beneficio de los seres sufrientes produciendo cuerpos formales al servicio del prójimo. Así, su nirvana es llamado no estático (sánscr.: *apratiṣthanirvāṇa*), a diferencia del de los arhat.

5. El dharmakaya (tib.: *chos-sku*) o actualización de la sabiduría del vacío.

6. Los rupakaya (tib.: *gzugs-sku*), que comprenden dos aspectos: el cuerpo de goce o sambhogakaya (tib.: *longs-sku*) que se manifiesta en los grandes bodhisattvas, y el cuerpo de aparición o de manifestación (sánscr.: *nirmāṇakāya*; tib.: *sprul-sku*) que aparece en los seres animados para guiarlos hacia la liberación y el despertar.

4

Desarrollar la ecuanimidad, fuente del amor benévolo

L A COMPASIÓN ES UNA DE LAS CAUSAS mayores para la realización del estado de omnisciencia. Es importante al comienzo de la práctica, durante la práctica e incluso después de haber obtenido el resultado de nuestro esfuerzo espiritual. Ahora, la pregunta es: ¿cómo deberíamos meditar sobre ella?

La manera de meditar sobre la compasión será enseñada desde el principio. Comenzad la práctica meditando sobre la ecuanimidad. Intentad actualizar la imparcialidad al respecto de todos los seres eliminando el apego y el odio.

La compasión es un estado de la mente mediante el cual se atiende a los seres sufrientes y se anhela liberarlos del sufrimiento. Puede ser de tres tipos, según el aspecto de la sabiduría que la acompaña. Éstos son: la compasión centrada en los seres, la compasión centrada en los fenómenos y la compasión centrada en lo inconcebible. Las tres son idénticas en el sentido en que son disposiciones de la mente en las que se desea ardientemente liberar a los seres de su aflicción. No se distinguen por su aspecto, sino por el objeto sobre el que actúan, pues las tres poseen el mismo aspecto: el anhelo de liberar a los seres del sufrimiento. La compasión que se centra en los seres se llama así porque se concentra en los seres simplemente, sin ocuparse de características como su no permanencia o el vacío inherente a su existencia. La compasión centrada en los fenómenos es una compasión que no se fija solamente en los seres, sino también en los seres en tanto que caracterizados por la no permanencia. De manera semejante, la concepción centrada en lo inaprehensible remite a la compasión que se dirige a los seres caracterizados por lo inaprehensible, es decir, por su ausencia de existencia inherente.

Cuando lo consideramos desde otro ángulo, existe un mérito evidente en el hecho de engendrar un pensamiento benévolo. Esto es válido tanto si se es como si no se es creyente de una religión en particular. La bondad general de una persona está en relación directa con la fuerza y la calidad del pensamiento benévolo que ésta cultiva. Una persona amable encontrará muchos admiradores y éstos se sentirán próximos a ella. Podemos observar el mismo fenómeno en el caso de los animales, que manifiestan placer y una gran alegría cuando ven a una persona que es buena con ellos y adoran encontrarse en el entorno de esa persona. Por el contrario, las personas agresivas que fomentan la animosidad son tratadas con recelo, incluso por los animales, que huyen cuando oyen su voz o el ruido de sus pasos. Por lo tanto, una buena motivación o un corazón repleto de bondad constituyen una cualidad extremadamente preciosa.

La gente que tiene compasión es amable con los demás, y su naturaleza agradable atrae todo tipo de amigos. Es fácil observar la atracción que emana de su motivación compasiva advirtiendo que hasta a los extraños les gusta codearse con ellos. Tomemos algunos ejemplos sencillos para ilustrar lo que es la bondad. Sólo basta con que uno sonría para que haga brotar la alegría en el corazón de los demás sin que le cueste nada. A menos que seamos apacibles y poseamos un corazón alegre, no tenemos ninguna garantía de hacer amigos, ni siquiera si poseemos una gran fortuna. Cuando somos competitivos y agresivos, nos resulta difícil obtener ventajas sustanciales, incluso si prodigamos nuestras riquezas a los otros. Por el contrario, quienes están sinceramente interesados en ayudar al prójimo tienen la paz y la alegría en el corazón. Crean una atmósfera de armonía a su alrededor. Así pues, debería quedar claro que un corazón benévolo y una actitud compasiva constituyen los fundamentos de la felicidad, tanto para los demás como para uno mismo, ahora y siempre.

Las cualidades producidas por las intenciones compasivas son ampliamente reconocidas como sanas y deseables. Todas las grandes religiones del mundo enseñan a sus adeptos a llegar a ser buenos seres humanos, a ejercitar la paciencia y a desarrollar una actitud altruista. Hay unanimidad en cuanto al valor positivo de estos principios fundamentales. Y ello es particularmente cierto en el budismo, cuya doctrina está basada en la compasión, y donde se insiste mucho en dicha práctica.

Así pues, ¿cuál es la técnica budista para meditar sobre la compasión? Por un lado, necesitamos desarrollar el amor benévolo respecto a los seres sufrientes y, por otro, debemos identificar la naturaleza del sufrimiento. Manteniendo en la mente estos dos puntos y concentrándola en infinidad de seres, estaremos en condiciones de engendrar un poderoso anhelo: que todos consigan liberarse del sufrimiento y de sus causas. Deberíamos iniciar el proceso intentando desarrollar el amor benévolo hacia los seres hundidos en la aflicción. Para alcanzar este objetivo se enseña la meditación sobre la ecuanimidad.

Si examinamos nuestro funcionamiento ordinario, podemos constatar que dividimos a los seres en tres grupos: aquellos a quienes nos sentimos próximos, aquellos por quienes sentimos aversión y aquellos que nos resultan indiferentes. Consideramos a algunos seres amigos íntimos y cercanos y mantenemos a otros a distancia, con la idea de que nos han hecho daño, a nosotros, a nuestros amigos, a quienes nos resultan cercanos, o que nos han robado nuestras posesiones en el pasado, que lo hacen en el presente y que harán lo mismo en el futuro. Con tales pensamientos engendramos aversión contra estos seres. En tales condiciones, incluso si hablamos de cultivar la compasión para con todos los seres, en realidad, en tanto que pensemos en nuestros propios intereses, nuestra compasión por el prójimo resultará restrictiva y superficial. Porque para engendrar una verdadera compasión hacia todos los seres, primero debemos desarrollar una actitud de ecuanimidad, un pensamiento imparcial que considere a todos los seres con equidad.

También es importante reconocer que, aunque nos sintamos próximos a nuestros amigos y nuestros parientes y seamos en general buenos con ellos, esta bondad adolece de apego y sentido de la posesión. Detrás de nuestra aparente amabilidad se agazapa un motivo egoísta. Somos parciales al pensar: «esta persona me ha hecho bien de tal manera», o «esta persona me resulta cercana por tal razón». De esta manera, cuando utilizamos el término «amabilidad» en la vida cotidiana, designamos algo que más debería llamarse apego.

¿Qué se quiere decir cuando se habla de una bondad verdaderamente compasiva? La compasión es esencialmente la preocupación por el bienestar del prójimo, por su felicidad y por su desdicha. Los otros desean tanto como nosotros evitar el sufrimiento. Así, una persona dotada de compasión se siente concernida cuando los otros padecen sufrimientos, y desarrolla una acción positiva para liberarlos de ellos. En tanto que seres ordinarios, nuestro sentimiento de proximidad con nuestros amigos y nuestros parientes no es apenas más que una simple expresión del deseo-apego, actitud que debe ser moderada y no estimulada. Es importante no confundir apego y compasión. En algunos textos, el término «apego» es utilizado para designar la compasión. Aunque el apego guarda algunas similitudes con la compasión, está en relación directa con la creencia errónea en una existencia real. Por el contrario, la compasión no depende necesariamente de esta concepción errónea de la existencia real. Un pensamiento compasivo tiene como móvil el deseo de ayudar a los demás a liberarse de su sufrimiento.

A grandes rasgos, existen dos técnicas principales para desarrollar la ecuanimidad. En la primera, reflexionamos sobre la incertidumbre de las relaciones humanas, sobre la no permanencia y el sufrimiento, y consideramos también cuánto de fútil hay en ligarse a algunas personas, odiando a las demás. Según la segunda técnica, al ver que todos los seres son idénticos, en el sentido en que todos desean obtener la felicidad y liberarse del sufrimiento, intentamos desarrollar una actitud imparcial respecto a todos los seres. El texto original resume brevemente este segundo método para desarrollar la ecuanimidad:

Todos los seres desean la felicidad y no ansían el sufrimiento. Reflexionad profundamente de este modo: «En este ciclo de existencias sin comienzo, no existe ni un solo ser que no haya sido mi amigo o pariente centenares de veces. Por lo tanto, ya que ligarse a algunos seres odiando a los otros no reposa sobre ningún fundamento, desarrollaré el espíritu de ecuanimidad respecto a todos los seres». Empezad la meditación sobre la ecuanimidad pensando en una persona que os es indiferente, después reflexionad sobre los que son vuestros amigos y por último sobre los que son vuestros enemigos.

Todos los seres son semejantes en el sentido en que todos desean la felicidad e intentan evitar la desgracia. No somos entidades aisladas sin ningún lazo con los demás. La felicidad y el sufrimiento de los demás seres nos afectan. La relación mutua entre los seres es evidente. Los seres que sienten han sido buenos con nosotros, dispensándonos sus favores directa e indirectamente desde los tiempos sin principio. Estos seres son intrínsecamente semejantes a nosotros en su búsqueda de la felicidad y en sus esfuerzos por evitar el sufrimiento. Así pues, es muy lógico que nosotros nos adiestremos en cultivar una actitud imparcial al desear la felicidad de todos los seres.

Con el fin de adentrarnos realmente en un estado mental que considere a cada uno con equidad, puede ser eficaz, en algunos momentos, meditar sobre individuos en particular: primero sobre alguno que os haya causado daño en esta vida, vuestro enemigo; luego sobre otro que os haya hecho el bien directamente, vuestro amigo; y después sobre un tercero que no os haya hecho ni bien ni mal, un extraño.

Cuando examinamos la respuesta usual y automática de la mente, advertimos que a propósito del enemigo, el espíritu piensa: «es mi enemigo»; se irrita, se llena de resentimiento u odio. Pensando en el amigo, el espíritu se siente sosegado y a gusto, y respecto al extraño, no siente ni irritación ni placer. Las razones son verdaderamente superficiales y no se fundan más que en la mezquindad y el egoísmo. Estamos ligados a los amigos y a las personas próximas a causa de las ventajas temporales que nos aportan en esta vida. Odiamos a nuestros enemigos a causa de algún mal que nos han infligido. Ahora bien, no nacemos teniendo amigos, sino que trabamos amistad con las personas bajo determinadas circunstancias. Nuestros enemigos tampoco han nacido hostiles a nosotros. Ni siquiera nuestra percepción de la amistad o la enemistad es absolutamente fiable. En el curso de nuestra vida, nuestro mejor amigo de hoy puede convertirse mañana en nuestro peor enemigo. Y un enemigo muy odiado puede convertirse en el amigo en el que más confiamos. Por otra parte, si evocamos nuestras numerosas vidas pasadas, la inestabilidad de tales relaciones resulta más que evidente. Por estas razones, la animosidad hacia nuestros enemigos y el apego respecto a nuestros amigos no hacen más que revelar la estrechez de miras de nuestra mente, que no puede considerar más que algunas ventajas temporales y fluctuantes. Por el contrario, si se consideran las cosas desde una perspectiva más amplia, con más clarividencia, la ecuanimidad va despuntando en nuestra mente y nos permite ver la futilidad de la hostilidad y del deseo tenaz.

Cuando gracias a una meditación prolongada hayáis conseguido equiparar vuestros sentimientos respecto a los tres individuos —el amigo, el enemigo y el extraño— ampliad gradualmente la perspectiva de vuestra meditación a vuestros vecinos, a vuestros conciudadanos y a vuestros compatriotas. Finalmente, desarrollad vuestra meditación hasta incluir a todos los seres que pueblan el mundo. El hecho de empezar por individuos particulares es un método eficaz para desarrollar una perfecta ecuanimidad. Si empezáis a meditar sobre un gran número de seres, vuestra práctica de la ecuanimidad quizá os parezca justa, pero cuando os enfrentéis a individuos particulares, comprobaréis que habéis ganado muy poco terreno. Por esta razón, no pocos maestros del pasado alabaron y recomendaron la extensión gradual del ámbito de la meditación.

Consideremos ahora el concepto del ciclo de existencias sin principio. En cierto modo, puede definirse como un proceso cíclico continuo que fluye de un instante a otro bajo las influencias de las emociones perturbadoras y del karma. Este fenómeno tiene sus causas, pero éstas no son permanentes. Si las causas fueran permanentes, el resultado también lo sería. Pero el ciclo de las existencias no es de ninguna manera un producto de la voluntad de Isvara,[1] a quien algunos consideran el creador. Así pues, ¿qué es el ciclo de las existencias? Surge participando de la naturaleza esencial de sus causas. Las dos causas radicales de un nacimiento en el ciclo de las existencias son el karma y las emociones perturbadoras, siendo predominantes estas últimas. La ignorancia, que es la concepción errónea de una existencia real, es la más grave de las tres principales emociones perturbadoras. Y la ignorancia que yerra sobre la existencia no es algo que haya caído del cielo, sino una creación de la conciencia.

Lo más natural es dilucidar ahora si la conciencia existe o no. Puede resultar difícil llegar a una conclusión definitiva, y podríamos contentarnos diciendo que está en la naturaleza de las cosas. Sin embargo, la ignorancia, que es a la vez fuente de todas las demás emociones perturbadoras y una causa de nacimiento en el ciclo de las existencias, surge en el mismo instante que la conciencia. Y la conciencia no tiene principio. Si afirmásemos que la conciencia debe tener un principio, aceptaríamos la existencia de una entidad física inanimada como punto de partida de la conciencia, lo que implicaría aceptar la posibilidad de que los resultados deriven de causas inapropiadas.[2]

Normalmente, en una relación causa-efecto, la causa y el efecto son de la misma categoría. Cuando observamos la relación de causa-efecto de los objetos físicos, el efecto conserva intrínsecamente la misma naturaleza que su causa. La conciencia sigue también un esquema similar. Cada momento de conciencia produce un resultado posterior de la misma categoría, es decir, otro momento de conciencia. Por estas razones los textos budistas exponen la noción de espíritu sin comienzo y la existencia sin principio de los seres. Así, se dice que el ciclo de las existencias no tiene comienzo.

El texto menciona que durante su nacimiento en el ciclo de las existencias, los seres han sido nuestros parientes un número incalculable de veces. Debemos volver aquí a la bondad de los seres y reflexionar sobre ello. Cada uno de ellos nos ha hecho bien directa o indirectamente. La bondad y los favores que nos han prodigado nuestros amigos y parientes en esta vida saltan a la vista. Pero incluso los extraños son de un inmenso valor como base de acumulación de méritos. Así pues, se cultiva el amor benévolo y la compasión en relación con el número infinito de seres, recordando su bondad respecto a nosotros.

El resultado de estas prácticas es el desarrollo del espíritu del despertar de la bodhichitta. Así, el adiestramiento en la acumulación de méritos y de sabiduría se desarrolla en relación con los seres, y nosotros somos sus primeros beneficiarios. Por lo tanto, para alcanzar el objetivo final e insuperable, dependemos de la bondad de los seres. Es con este talante con el que Shantideva, en *La presentación de la conducta del bodhisattva*,[3] explica que los seres y los budas son iguales en el sentido en que todos ayudan a los individuos a alcanzar el estado de condición de buda. Los seres son de un inmenso valor y de una gran ayuda sean cuales fueren sus intenciones. A un nivel mundano y convencional, los enemigos son los que nos causan perjuicios y por esa razón nos resultan hostiles, pero si se considera desde otro ángulo, podemos acumular una gran experiencia y proseguir un adiestramiento en nuestras relaciones con nuestros enemigos. En esta relación de enemistad es donde podemos empezar a practicar la paciencia y la tolerancia, y así aligerar el fardo de la cólera y el odio. Por tales razones algunos tratados describen a nuestros enemigos como nuestros mejores maestros. En resumen, todos los seres, incluidos nuestros enemigos, nos ayudan de diversas maneras y nos rinden un considerable servicio, bien sea directa o indirectamente.

Una vez que hayáis desarrollado en vuestra mente la ecuanimidad respecto a los demás, meditad sobre el amor benévolo. Humedeced el continuum mental con el agua del amor benévolo y preparadlo como prepararíais un abono de buena tierra. Cuando el grano de la compasión se plante en una mente así, su germinación será rápida, conveniente y completa. Una vez que el flujo de vuestra mente se haya empapado de amor benévolo, meditad sobre la compasión.

Para ilustrar la manera de engendrar la benevolencia y la compasión, Kamalashila utiliza la analogía del cultivo. Lo mismo que un grano germinará si lo plantáis en un suelo humedecido, así podréis cultivar la compasión cuando hayáis preparado la mente sobre la base del pensamiento del amor benévolo. Después de haber cultivado la ecuanimidad respecto a todos los seres, deberíais considerarlos a todos semejantes, en parte porque han sido nuestros amigos íntimos y nuestros parientes en numerosas vidas, pero también porque desean como nosotros la felicidad y detestan sufrir. Después de haberos preparado así, os sentiréis muy próximos a todos los seres y desarrollaréis una gran empatía respecto a ellos. Cuanta más atracción siente un individuo por los seres y más les abre su corazón, más se sentirá concernido por su desgracia y su dolor. Por lo tanto, tras haber meditado sobre la ecuanimidad, deberíais meditar sobre el amor benévolo. Y una vez que hayáis empapado vuestro espíritu con el agua del amor benévolo, podréis plantar allí el grano de la compasión, pues su crecimiento será entonces rápido y regular.

NOTAS

1. Isvara (tib.: *dbang-phyug*), «El poderoso señor», en este caso el dios Brahma de los hindúes. Sin embargo, la advertencia sirve para toda forma de idea religiosa de un Dios creador del universo.
2. Uno de los postulados de la causalidad budista es que un efecto no puede inscribirse más que en el orden de una continuidad seriada con su causa. En otras palabras, la causa y el efecto deben ser de la misma naturaleza (de un grano de arroz nace un brote de arroz y no de cebada). De la misma manera, de un ser inanimado no puede nacer un ser animado como la conciencia.
3. El *Bodhisattvacharyavatara* (tib.: *spyod-'jug*).

5

Identificar la naturaleza del sufrimiento

El espíritu de compasión tiene como naturaleza el anhelo de que todos los seres sufrientes queden libres del sufrimiento. Meditad sobre la compasión respecto a todos los seres, ya que los seres de los tres ámbitos de la existencia[1] sufren la tortura intensa de los tres tipos de sufrimiento bajo variadas formas. El Buda ha dicho que el calor y otros tipos de sufrimientos no cesan de torturar a los seres hundidos en los infiernos por un tiempo muy largo. También ha declarado que los fantasmas ávidos son atormentados por el hambre y la sed, y experimentan un inmenso dolor físico. Podemos también ver a los animales sufrir de muchas miserables maneras: se devoran entre ellos, se vuelven agresivos, caen heridos y mueren. También podemos ver a los seres humanos sufrir todo tipo de dolores intensos. Incapaces de encontrar lo que buscan, están llenos de resentimiento y se hacen mal mutuamente. Sufren al perder los bellos objetos de sus deseos y los comparan con la fealdad de lo que no quieren y con el dolor de la miseria.

D ESPUÉS DE HABER ESTABLECIDO el proceso de preparación que nos permite aprender a considerar que los seres sufrientes son dignos de amor y de interés, Kamalashila trata los diferentes tipos de dolor que les atormentan. Los tres tipos de sufrimiento son el sufrimiento del sufrimiento, el sufrimiento del cambio y el sufrimiento que lo impregna todo. No hay un solo ser que no haya estado sometido a la tortura de cada uno de ellos. Los seres de los tres destinos más elevados[2] en el ciclo de las existencias pueden ciertamente gozar de una felicidad temporal contaminada o incluso de algún sentimiento neutro, pero a fin de cuentas están sometidos a la influencia del sufrimiento que lo impregna todo. Y en tanto que tales son dignos de compasión. Kamalashila también alude con brevedad a los tormentos de los seres de los infiernos, de los fantasmas ávidos, de los animales y de los seres humanos. Destaca después algunas de las causas de sufrimiento que afligen particularmente a los seres humanos:

Existen aquellos cuya mente está trabada por diversos lazos de emociones aflictivas, tales como el deseo-apego. Otros están sumidos en los tormentos creados por diferentes tipos de visiones erróneas. Y como todo ello es causa de sufrimiento, [los seres humanos] están constantemente inmersos en un dolor intenso, como si estuvieran al borde de un precipicio.

Los dioses también experimentan diferentes aflicciones:

Los dioses padecen el sufrimiento del cambio. Así, los signos de una muerte inminente y de su caída en estados de infortunio oprimen la mente de los dioses del ámbito del deseo. ¿Cómo podrían vivir en paz?

El texto define ahora el sufrimiento omnipresente:

El sufrimiento omnipresente es el que surge bajo el poder de causas vinculadas a actos y emociones aflictivas. Tiene como natu-

raleza y característica la desintegración momentánea e impregna a todos los seres errantes.

La aflicción que produce el sufrimiento se relaciona con lo que reconocemos habitualmente como sufrimiento: el dolor físico y la ansiedad mental. Lo que reconocemos habitualmente como felicidad [es decir, la felicidad contaminada o impura] se adscribe a la aflicción del cambio. La felicidad contaminada no es la felicidad perfecta, sino más bien la simple ausencia de las formas más primarias de sufrimiento. Puesto que la felicidad contaminada no perdura, sino que está destinada a desembocar en el descontento, se la caracteriza como la aflicción del cambio. El sufrimiento omnipresente no es otro que la colección de los constituyentes mentales y físicos de los seres, a los que se denomina «agregados contaminados» y que son el resultado del karma pasado y de las emociones aflictivas. Se comportan como un agente que engendra más karma y emociones aflictivas. Hay ocasiones en que no estamos perturbados ni por la aflicción del sufrimiento ni por la aflicción del cambio. Pero también muchas otras en que que no podemos desembarazarnos de nuestros agregados mentales y físicos, que seguirán causando sufrimientos de diversa índole. Cuando estos agregados entran en contacto con los factores y las condiciones apropiados, el sufrimiento no puede más que manifestarse. Por lo tanto, es esencial reflexionar sobre los tres tipos de sufrimiento.

La siguiente etapa en el proceso de adiestramiento de la mente atañe a la voluntad de liberarse del sufrimiento. Nos resulta esencial identificar la naturaleza real de los sufrimientos para engendrar el deseo de liberarnos de ellos. Hasta los animales comprenden que la aflicción del sufrimiento es insoportable y ansían liberarse de ella. Tanto los budistas como los no budistas que indagan en las cualidades de los reinos más elevados, como los niveles más elevados de concentración y el reino de lo sin forma, comprenden lo que la aflicción del cambio tiene de desagradable y son capaces de liberarse temporalmente de la aflicción del sufrimiento. Cuando uno se acerca a estos reinos elevados, como les sucede a quienes están por debajo del cuarto nivel de concentración,[3] donde no subsiste más que un sentimiento de neutralidad, se encuentra temporalmente libre de la aflicción del cambio. Los que han alcanzado el cuarto estado meditativo y los que están en el reino de lo sin forma se hallan temporalmente libres de los dos primeros tipos de sufrimiento. El reconocimiento del sufrimiento omnipresente es lo que sirve como catalizador para incitar a los individuos a buscar el estado de liberación. Cuando comprenden su verdadera identidad, desarrollan en sí mismos un sentimiento de malestar. Se hacen conscientes de las desventajas de las emociones aflictivas así como de su inestabilidad. La comprensión de los defectos de las emociones aflictivas debe preceder a la de los agregados mentales y físicos. La comprensión de los defectos y de los inconvenientes de las emociones aflictivas nos impulsa a intentar deshacernos de ellas. Cuando eliminamos nuestras emociones aflictivas, obtenemos lo que se llama nirvana o liberación. La identificación correcta del sufrimiento omnipresente y una fuerte repulsión hacia él son los factores determinantes en el proceso de desarrollo de la verdadera renunciación, o lo que es lo mismo, de la voluntad de obtener la liberación.

El texto menciona la naturaleza momentánea del sufrimiento omnipresente. Este concepto se puede interpretar de dos maneras, que pueden ser ilustradas con un ejemplo. En principio, cualquier cosa no permanente se desintegra y cambia a cada instante. Una mente omnisciente, por ejemplo, es no permanente y está, por tanto, en su naturaleza el desintegrarse instante a instante. Además, un fenómeno no permanente carece de identidad independiente y se encuentra bajo la influencia de otros factores, como sus causas y sus condiciones. En tanto que fenómeno no permanente, el sufrimiento omnipresente no dura ni un solo instante, sino que se encuentra en un proceso regular de desintegración y cambio.

Por lo tanto, considerad que los seres errantes están como inmersos en una hoguera de sufrimiento. Pensad que son todos como vosotros y que no desean absolutamente ningún sufrimiento: «¡Ay!, todos los seres queridos en tal aflicción. ¿Cómo librarlos de ella?», y haced que sus sufrimientos sean los vuestros. Sea que estéis comprometidos en una meditación unificadora, sea que prosigáis vuestras actividades ordinarias, concentraos en todos los seres y desead que se liberen del sufrimiento. Comenzad por meditar sobre vuestros amigos y parientes. Reconoced hasta qué punto soportan los sufrimientos a los que han sido expuestos.

En las líneas precedentes, el autor describe de nuevo las etapas de la meditación sobre la compasión. La compasión es el deseo de que todos los seres sean libres del sufrimiento y de sus causas. Con el fin de adiestrar la mente en esta actitud compasiva, deberéis desarrollar una práctica que incluya a la vez sesiones formales de meditación y mantenimiento de la lucidez durante el período que sigue a las sesiones. Es decir, que un practicante no sólo debería engendrar un espíritu compasivo durante la meditación formal, sino también mientras anda, duerme, siente o trabaja. Si podéis mantener un programa como éste, seréis capaces de hacer buen uso de las experiencias por las que pasaréis durante el período posmeditación, que a su vez enriquecerán el desarrollo del espíritu de la compasión. Por el contrario, si no cultiváis la lucidez y la atención durante los períodos de posmeditación y si dejáis que vuestra mente vague, el proceso de meditación se detendrá. Definitivamente, se trata de una falta que hay que corregir. Deberéis esforzaros en preservar el sabor o la esencia de vuestra meditación mientras os dedicáis a otras actividades, lo cual os ayudará considerablemente a progresar en vuestras aprehensiones durante la meditación, y estas aprehensiones contribuirán a vuestro desarrollo mental en el curso de los períodos posmeditatición.

Así es cómo por vuestros propios méritos os beneficiaréis de un torrente de energía:

Una vez que hayáis visto que todos los seres son iguales, que no hay diferencia alguna entre ellos, deberíais meditar sobre los seres que os resultan indiferentes. Cuando la compasión que sintáis respecto a ellos sea la misma que la que sentís por vuestros amigos o parientes, meditad sobre la compasión, extendiéndola a cualquier ser que se encuentre en las diez direcciones del universo.

Cuando meditéis sobre la compasión, si os concentráis en un ser animado que sufre, como lo hemos hecho durante la meditación sobre la ecuanimidad, vuestra meditación sobre la compasión será más eficaz. Para empezar, podréis visualizar el intenso sufrimiento de los seres tocados por el infortunio. También podéis meditar sobre la compasión centrándoos en quienes tienen una inclinación hacia las acciones negativas más graves y que reúnen los tres factores de intención, acción y cumplimiento. Aunque en ese momento no sufran grandes tormentos, se hallan en el proceso de acumulación de causas de peso para, posteriormente, experimentar esos sufrimientos. Este tipo de meditación os ayudará mucho para adiestrar vuestra mente en la compasión respecto a cada uno de los seres que están inmersos en el ciclo de las existencias; todos los que, bajo las emociones perturbadoras, son esclavos de la ignorancia, que es, a la vez, concepción errónea de una existencia real y egocentrismo.

Kamalashila habla de todos los seres como iguales. Puede interpretársele de dos maneras: a partir del nivel último o del convencional. La igualdad de los seres en el nivel último no impide la existencia de amigos y enemigos en el nivel convencional. Sin embargo, cuando vuestra meditación se concentre en el carácter inasible de los objetos en el nivel último, contrarrestará el apego y el odio combatiendo la concepción errónea de la existencia real.

Hay algunas técnicas que nos permiten aprender a desarrollar una actitud imparcial. Es importante mantener este tipo de procedimiento meditativo y acumular el potencial positivo de los méritos. Por último, nuestra compasión ordinaria respecto a los seres desconsolados puede ser realizada y transformada en un estado mental mucho más puro. La compasión que sentimos ahora se mezcla con el apego. Pero la presencia de esta compasión también indica que tenemos el potencial para desarrollar una verdadera compasión. A veces también engendramos una compasión espontánea hacia quienes, aun siendo extraños, se hallan sumidos en una gran aflicción, y nos planteamos qué podríamos hacer para aliviar su sufrimiento. Esto es una expresión de nuestra compasión innata. Es esencial que reconozcamos este hecho, que cuidemos ese pensamiento compasivo, y luego que lo estimulemos y reforcemos. Si no poseéis esta compasión innata, intentad cultivarla y haced un esfuerzo por desarrollarla. A largo plazo, tal compasión, por insignificante que pueda pareceros ahora, podrá desarrollarse hasta el infinito.

El texto explica a continuación cómo saber que se ha cultivado tal compasión.

Cuando desarrolléis un sentido espontáneo e igualitario de la compasión hacia todos los seres, de la misma manera que una madre responde a la llamada de su hijito querido y sufriente, habréis alcanzado la práctica de la compasión. Esto se llama gran compasión.

Desde lo más profundo de vuestro corazón, cuidáis mucho a vuestro querido hijo y os preocupáis por él hagáis lo que hagáis, ya sea charlar o pasear. Si sois capaces de cultivar tal estado mental respecto a todos los seres, cuyo número es infinito, pensando lo bueno que sería que todos estuvieran libres de sufrimiento, y si tal sentimiento surge espontáneamente, sin que tengáis necesidad de invocar razones particulares, es una indicación que demuestra que habéis cultivado la auténtica gran compasión.

Sea cual sea la aprehensión que queréis cultivar, primero tenéis que conocer cuál es el objeto de vuestra atención y cuáles las causas y condiciones que necesitáis cultivar para ser capaces de desarrollar dicha aprehensión. Necesitáis cierta preparación. Después de haberos acostumbrado a un modo de proceder y haber adquirido algo de experiencia, pudiera ser que no necesitarais cultivar ningún método de comprensión suplementario, pero empleando el análisis y la investigación intelectual deberíais experimentar una íntima sensación de que vuestra mente cambia verdaderamente. Es lo que se llama experiencia verdadera, de la que existen dos tipos: la experiencia inducida y la experiencia obtenida sin artificio. La experiencia inducida corresponde a los sentimientos que brotan de vuestra mente a partir de razonamientos sutiles apoyados en citas extraídas de las escrituras. Si no ejercéis el análisis o la investigación no obtendréis esa experiencia. Cuando hayáis cultivado la experiencia inducida, si continuáis el proceso reforzándolo y desarrollándolo, llegará un momento en que os encontraréis en una situación tal que, sin tener que apoyaros en una cita o un razonamiento, surgirá automáticamente de vuestra mente un sentimiento fuerte. Esto es lo que se llama experiencia obtenida sin artificio. El alumbramiento de esta clase de experiencia supone que se ha cultivado la verdadera gran compasión.

El texto prosigue con una discusión sobre el desarrollo de la meditación del amor benévolo. La manera de evaluar hasta qué punto se ha cultivado el amor benévolo es parecida a la utilizada para la gran compasión. La compasión es un estado mental en el que se desea que los seres estén libres de sufrimiento y el amor benévolo consiste en desear que encuentren la felicidad. El amor benévolo induce a la compasión y la compasión induce a la actitud especial. Esta actitud especial significa que no os contentáis con pensar qué bueno sería que los seres estuvieran libres de sufrimiento, sino que asumís la responsabilidad de comprometeros efectivamente en las obras de emancipación de los seres guiándoles hacia la liberación y ayudándoles a disipar sus sufrimientos. Y esta decisión engendra el espíritu del despertar de la bodhichitta.

La meditación sobre el amor benévolo comienza con vuestros amigos y los seres queridos. Tiene como objeto el deseo de que ellos encuentren la felicidad. Poco a poco, extendéis el alcance vuestra meditación hasta incluir a los extraños e incluso a vuestros enemigos. Acostumbrándoos a la compasión, engendraréis gradualmente el deseo espontáneo de liberar a todos los seres. Por lo tanto, tras haberos familiarizado con este deseo y tomando la compasión como base, meditad sobre el espíritu del despertar de la bodhichitta.

La bodhichitta tiene dos niveles: el convencional y el último.[4] *La bodhichitta convencional consiste en cultivar el pensamiento inicial que aspira a alcanzar la condición de buda de un modo insuperable y perfectamente logrado, con el fin de ayudar a todos los seres errantes, tras haber asumido el voto compasivo de aliviarlos a todos del sufrimiento. Se debería cultivar la bodhichitta convencional de la manera descrita en el capítulo del Bodhisattvabhumi*[5] *sobre la ética, es decir, engendrar dicho estado mental asumiendo el voto de bodhisattva ante un maestro que preserve los preceptos del bodhisattva.*

La forma de evaluar el desarrollo del espíritu de la bodhichitta es parecida a la que permite evaluar hasta qué punto se ha cultivado la compasión. Primero, cultiváis la bodhichitta a la manera de una experiencia inducida, después cultiváis el espíritu del despertar de la bodhichitta en tanto que experiencia sin artificio, es decir, el estado auténtico del espíritu del despertar de la bodhichitta.

El gran maestro indio Shantideva dijo que todo el sufrimiento que veis en el mundo surge del hecho de que somos egocéntricos, que sólo deseamos nuestra propia felicidad. Toda la felicidad que constatamos en el mundo procede del cuidado del prójimo. También dijo que no hace falta extenderse sobre este punto: si examináis la diferencia entre el estado de buda y el de un ser ordinario, lo comprenderéis fácilmente. El Buda ha obrado en favor del prójimo, ha logrado la omnisciencia y tiene ahora la capacidad de ayudar a todos los seres, mientras que nosotros, los seres ordinarios, aun habiéndonos esforzado de la mejor manera en colmar nuestras necesidades de bienestar personal, no hemos logrado la omnisciencia, sino que estamos todavía en el ciclo de las existencias. Cuando se ha alcanzado el nirvana, si lo hemos buscado esencialmente por interés personal, no será más que una liberación personal o una liberación desprovista de omnisciencia, siempre a causa de la actitud egocéntrica. Incluso a un nivel ordinario, todas las cualidades que se encuentran en el mundo, tales como sentirse bien como uno mismo, estar rodeado de amigos y seres queridos, y vivir en un lugar donde se esté a salvo de los errores del prójimo, son el resultado de esa preocupación por el prójimo. Y, a un nivel más elevado, es también a este estado mental al que se debe la posibilidad de alcanzar el despertar.

En otras palabras, si nos comparamos con el Buda ponderando nuestros defectos y las cualidades de un buda, seremos capaces de poner de manifiesto las desventajas del egocentrismo y las ventajas de preocuparse por el bienestar del prójimo. Gracias a la práctica

que privilegia el bienestar del prójimo, el Buda ha obtenido la omnisciencia y encarna en el presente maravillosas cualidades. Pero
nosotros, los seres ordinarios, somos de alguna manera la encarna-
ción de los defectos derivados de nuestra actitud egocéntrica.

En primer lugar, el Buda cultivó un estado mental atento al
bienestar del prójimo, después lo reforzó y finalmente lo culmi-
nó. Así es como manifestó todas las maravillosas cualidades de
un buda. Por lo tanto, deberíais lograr beneficiaros de esta preciosa existencia humana dotada de excelentes cualidades, con las
que necesitaréis comprometeros en la práctica mental. En nuestro esfuerzo mental, la práctica más profunda es el ejercicio de la
compasión y el deseo altruista de conseguir la condición de buda
gracias al amor de todos los seres. No existe mejor práctica que
ésa. Así, todos nosotros, incluido el lama, deberíamos esforzarnos en cultivar un estado mental compasivo en nuestra vida cotidiana.

Si cada uno de nosotros se dedicase a cultivar el deseo de ayudar
a los otros desde el fondo de su corazón, experimentaríamos un sentimiento de confianza que pondría nuestra mente en un estado de
tranquilidad. Cuando nuestra mente goza de esta clase de tranquilidad, el mundo entero podría volverse contra nosotros y hacérsenos
hostil, y eso no afectaría a nuestra calma mental. Por el contrario,
cuando nuestra mente está agitada y perturbada o mostramos mala
voluntad hacia los otros seres, nuestra propia actitud nos hará que
los percibamos como negativos y severos con nosotros. Esto es el reflejo de nuestra actitud interior, de nuestros sentimientos íntimos y
de nuestra manera de sentir. Por esa razón viviremos constantemente
en el miedo, la contrariedad, la ansiedad y la inestabilidad. Podremos ser prósperos y disponer de muchas comodidades materiales,
pero mientras seamos presa de las perturbaciones, no encontrare-
mos la paz. Podremos estar rodeados de nuestros allegados y de
nuestros mejores amigos, pero nuestra actitud interior nos impedirá

ser felices. Por lo tanto, nuestra actitud profunda desempeña un papel extremadamente determinante. Si poseemos la calma y el control sobre nosotros mismos, aun cuando todo se vuelva hostil a nuestro alrededor, nada nos perturbará. De hecho, para una persona así, todo el entorno es amistoso y contribuye a su calma mental.

Es cierto que existen numerosas razones para cuidar de uno mismo, pero debemos saber cómo velar inteligentemente por nosotros mismos y por nuestros intereses. Queremos la felicidad, pero si en la búsqueda de nuestra propia felicidad ignoramos el bienestar de los demás y no cesamos de tiranizarlos y abusar de ellos, las consecuencias serán negativas. Si aspiramos realmente a la felicidad, debemos reconocer que procede del hecho de cuidar al prójimo. Por todo ello no deberíais dejar de lado el bienestar de los demás.

Incluso sin desarrollar una práctica espiritual o religiosa, si comprendemos que debemos respetar la interdependencia, tendremos una vida apacible y armoniosa. Somos animales sociales y no podemos plantearnos vivir una existencia solitaria en la que no dependamos ni de otras personas ni de otros seres. Sea lo que sea lo que hagáis, en cualquier contexto social imaginable, bien seáis granjeros u hombres de negocios, dependéis sin ninguna duda de los demás. Incluso en el seno de vuestra propia familia dependéis de los demás miembros de la misma. Por eso la gente vive normalmente en familia o con amigos. Existen pocas excepciones, tan sólo la de algunos yoguis meditadores que viven en las altivas soledades de las montañas para llevar a cabo su práctica espiritual.

Ya que es innegable que somos por naturaleza animales sociales, obligados a depender los unos de los otros, debemos cultivar el afecto y la preocupación por el prójimo si realmente deseamos la paz y la felicidad. Pensad en los animales salvajes y en los pájaros. Hasta ellos viajan juntos, se agrupan y se ayudan mutuamente. Las abejas no tienen legislación, no siguen ninguna práctica espiritual, pero dependen unas de otras para su subsistencia y supervivencia: es su manera natural de vivir. Y sin embargo, aunque nosotros, seres humanos inteligentes, dependemos también los unos de los otros, sucede que utilizamos mal nuestra inteligencia y que intentamos explotarnos los unos a los otros. Esto es contrario a la naturaleza humana. Para aquellos que proclamamos nuestra creencia en una determinada práctica religiosa, es extremadamente importante intentar ayudarnos mutuamente y cultivar un sentimiento de afecto mutuo, ya que ésa es la fuente de felicidad en nuestra vida.

Según la enseñanza fundamental del Buda, deberíamos considerar a los otros más importantes que nosotros mismos. Es cierto que no podéis ignoraros completamente a vosotros mismos, pero no podéis descuidar tampoco el bienestar de otras personas y otros seres, especialmente cuando existe un conflicto de intereses entre vuestro propio bienestar y el de los demás. En tales circunstancias, deberíais considerar el bienestar de los demás como más importante que el vuestro. Comparaos al resto de los seres. Ellos se cuentan por millones mientras que cada uno de vosotros sois una sola persona. Vuestro sufrimiento y vuestra felicidad son realmente muy importantes, pero se trata sólo del sufrimiento y la felicidad de un único individuo, mientras que el sufrimiento y la felicidad de todos los demás seres son inconmensurables, imposibles de cuantificar. Así, la sabiduría consiste en sacrificarse para el beneficio de la mayoría, y la insensatez, en sacrificar a la mayoría en nombre de un solo individuo. Incluso desde el punto de vista de vuestro bienestar personal, debéis cultivar un espíritu de compasión, pues es la fuente de la felicidad en vuestra vida.

Independientemente de que se profese o no una religión, es bueno ser cálido y cultivar la compasión, y de esa manera se será posible llevar una vida apacible y llena de sentido. Si somos practicantes budistas, y más concretamente practicantes del Mahayana, ¿cómo deberíamos abordar la práctica? Incluso cuando hablamos de ayudar al prójimo, no se trata sólo de aportar una ayuda y un favor temporales, como alimentación, vestido, cobijo, etc., ya que todas estas cosas no procuran una felicidad duradera. Por lo tanto, es muy importante examinar la posibilidad de lograr una felicidad duradera y última. Debemos juzgar si es posible eliminar los sentimientos en su origen mismo. Poco importa que seamos capaces o no de practicar, pues deberíamos al menos cultivar el valor espiritual, es decir, la voluntad de eliminar los sufrimientos y de lograr el cese absoluto del sufrimiento. Eso es lo que os proporcionará confianza y determinación. Por lo tanto, como practicantes del Mahayana, deberíamos pensar: «Voy a ayudar a innumerables seres a superar el sufrimiento». Ése debería ser nuestro compromiso. Pero si examináis vuestra capacidad actual, veréis claramente que no tenéis los medios para eliminar los sufrimientos de un solo ser.

Los sufrimientos surgen de causas y condiciones específicos que son convocados por cada uno de los seres de una manera personal. Así, resulta de extrema importancia que los seres sepan lo que puede ser practicado y lo que debe ser abandonado, lo que lleva al sufrimiento y lo que determina una felicidad duradera. Debemos indicarles el camino correcto que conduce a la felicidad y el camino erróneo que conduce al sufrimiento. Por lo tanto, cuando hablamos de ayudar a otros seres, nos referimos a mostrarles el camino correcto y ayudarles a comprender lo que debe ser abandonado y lo que debe ser practicado. Así es como podemos ayudar a los otros seres.

Para llegar a ello, es muy importante que lo que os disponéis a enseñar a los demás no esté oculto para vosotros. Debéis comprender el sentido del camino que prentendéis revelarles. Por ejemplo, cuanto más adelantado está un estudiante, más necesidad tiene de un maestro cualificado dotado de mayor conocimiento. Asimismo, para mostrar el camino correcto a los otros seres, primero vosotros mismos debéis haber hollado ese camino. Por otra parte, no basta con que el camino que os aprestáis a mostrar a los demás no tenga ya misterios para vosotros. También deberéis saber en qué les ayudará en lo temporal y a nivel último lo que les vais a enseñar. Sin este conocimiento, vuestras enseñanzas podrían no convenir a su disposición y a sus intereses. No basta con decir: «Lo he hecho con una buena motivación». Claro que si lo habéis hecho no hay que lamentarlo, pero no hay ninguna garantía de que con ello hayáis ayudado a otros seres. Por ello las escrituras explican la necesidad de adquirir diferentes categorías de clarividencia para ser capaz de conocer la mente de los seres y sus necesidades reales.

Así pues, hay dos factores implicados en esta cuestión: en primer lugar, el camino y la enseñanza que estéis a punto de impartir o de mostrar a los demás no debería esconder ningún misterio para vosotros; en segundo lugar, debéis comprender la idoneidad de tal enseñanza con respecto a sus disposiciones. Debéis descubrir qué aptitudes han heredado de sus vidas pasadas. Por lo tanto, a menos que os convirtáis en un buda y alcancéis la omnisciencia, puede resultar que vuestra ayuda y consejos no sean más que un favor temporal. El hecho de cultivar la aspiración de ayudar al prójimo se convierte en una causa para cultivar el segundo deseo, la voluntad de alcanzar la condición de buda para el bien de todos los seres. Tales son los dos niveles del espíritu del despertar de la bodhichitta.

Tal estado mental no puede ser desarrollado en el lapso de algunos meses o algunos años, pero no significa que no pueda ser cultivado. Si proseguís vuestra práctica cultivando la bodhichitta, llegará un momento en que lo alcanzaréis. Por ejemplo, en el estadio inicial, quizá no comprendáis siquiera cómo es posible cultivar tal estado mental. Pero gracias a una práctica habitual y a la costumbre, os acercaréis a él gradualmente. Está en la naturaleza de las cosas condicionadas cambiar dependiendo de causas y condiciones. También es importante recordar las ventajas y los provechos de tal actitud y cultivar la firme determinación de alcanzarla. Orad ardientemente. Ya estéis durmiendo, andando o sentados, deberíais pensar: «¡Qué bueno sería poder cultivar ese estado mental!». Intentad cultivar la bodhichitta aunque no sea más que a nivel de aspiración. Si dedicáis los días a practicar de manera repetida y constante, no hay duda de que podréis desarrollarla. Tomad la resolución de cultivarla incluso si eso exige muchos eones. Como ruega Shantideva en *La presentación de la conducta del bodhisattva*:

> *Mientras dure el espacio*
> *y durante todo el tiempo en que haya flores,*
> *que yo también permanezca*
> *para eliminar su sufrimiento.*[6]

Cuando os comprometáis en un proyecto o en una actividad destinada a ayudar a los seres, no es cuestión de ponerse un límite de tiempo. Debéis aplicaros a ello continuamente. Así es como deberíais adiestrar vuestra mente. Si pensáis que alcanzaréis el despertar o la bodhichitta en tan sólo unos días o meses, o si imagináis que obtendréis el despertar tras haber efectuado un retiro de tres años y tres meses, os equivocáis. Cuando escucho el razonamiento según el cual obtendrás el despertar si te retiras por tres años, digo bromeando que eso no vale mucho más que la propaganda comunista. Cuento a mis amigos occidentales que querer practicar el camino más profundo y más rápido es el signo evidente de que no obtendrás el menor resultado. ¿Cómo acceder a lo más amplio y profundo por el camino más corto? La historia del Buda nos dice que accedió a la condición de buda al cabo de tres interminables eones. Alimentar la esperanza de alcanzar la condición de buda en un tiempo tan corto como tres años y tres meses es la indicación clara de que no harás un progreso real. Hay que ser realista. No sirve de nada engañar al prójimo con vuestro conocimiento parcial.

También deberíais tener en cuenta lo siguiente: alcancéis la condición de buda o no, vuestro objetivo sigue siendo el mismo, ayudar a los otros seres. Bien estéis en los cielos, bien en el infierno, vuestro objetivo es el de ayudar a los otros. Poco importa el tiempo que os lleve. Deberéis decidir que la intención altruista de consumar la condición de buda para el bien de todos los seres será vuestra única práctica, tanto si estáis vivos como si morís. Debéis prepararos para cultivar este estado mental y comprender sus aspectos y su objeto. Una vez obtenida una experiencia de este tipo por inferencia, es la hora de asumir el voto de bodhisattva, el cual es mejor recibir tras haber cultivado un intenso deseo de comprometerse en las acciones de un bodhisattva.

¿Cuál es la conducta de un bodhisattva? Se trata de una manera de vivir que procede naturalmente del hecho de haber cultivado el espíritu del despertar de la bodhichitta. La omnisciencia sólo se alcanza después de atravesar el período de purificación de las emociones aflictivas en el seno de vuestra mente. No se puede alcanzar a base de simples deseos o de plegarias. Debemos adiestrarnos en eliminar todas las emociones aflictivas aplicando los antídotos correspondientes. Todas las actividades de un bodhisattva pueden ser agrupadas en dos categorías mayores: la práctica de los medios idóneos y la práctica de la sabiduría. En ausencia de ésta, las cinco primeras de las seis perfecciones no pueden llegar a ser realmente prácticas de perfección. Con el fin de cultivar tal sabiduría, primero debéis cultivar correctamente la visión filosófica auténtica, conocida como la visión de la vía media o Madhyamika.

¿Cuál es entonces la visión del Madhyamika? Existen cuatro escuelas filosóficas en la tradición budista. Apoyándoos en una explicación de los tres primeros sistemas de la filosofía budista,[7] podréis comprender el significado de la inexistencia del ser a un nivel primario, lo que os llevará finalmente a la sutil visión de la vía media, que expone la inexistencia del ser de las personas y la insubstancialidad[8] de los fenómenos en relación con una interpretación de la interdependencia. Una vez que hayáis establecido correctamente dicha visión y estéis convencidos de su rectitud, seréis capaces de aprehender el vacío. Sin embargo, incluso cuando hayáis comprendido la sabiduría que aprehende el vacío, no dispondréis de un eficaz antídoto contra la ignorancia hasta que recibáis el apoyo de otras prácticas, como la generosidad, la ética, la paciencia, etc. La simple comprensión de la inexistencia del ser no es suficiente para vencer las emociones aflictivas.

Por lo tanto, es importante cultivar una práctica que una la mente que reposa en calma con la visión superior. Así pues, para desarrollar la visión superior, deberéis primero desarrollar una mente que repose en calma. La calma mental es una meditación unificadora, mientras que la visión superior remite a la conciencia lúcida con capacidad de discernimiento. Gracias a la unión de ambas, seréis aptos para comprometeros en una práctica fructífera que concilie método y sabiduría.

Después de haber engendrado el espíritu del despertar convencional, esforzaos en cultivar el espíritu del despertar último de la bodhichitta. La bodhichitta última es trascendente y libre de toda elaboración. Es extremadamente clara, es el objeto de lo último, sin manchas, inconmovible, semejante a una lámpara que no oscila al viento.

Como ya he explicado, la bodhichitta convencional se refiere al anhelo, a la aspiración. ¿Cuál es la bodhichitta última?¿Qué es lo trascendente y qué lo mundano? Hay explicaciones diversas sobre este tema. Todos los niveles propios de un ser ordinario son llamados mundanos y todos los niveles superiores de un ser eminente o arya son llamados trascendentes o supramundanos. Alcanzáis el nivel trascendente cuando habéis concluido la vía de la visión[9] por primera vez. Lo que significa que habéis aprehendido directamente el vacío, aunque ya os sea posible comprender el vacío antes de la conclusión de la vía de la visión.

Este texto, *Las etapas de la meditación*, pertenece a la escuela Madhyamika sautrantika[10] (la vía media de los que utilizan los silogismos autónomos), y cuando explique los puntos subrayados en este texto, lo haré de acuerdo con el sistema Madhyamika sautrantika, pero según la tradición Madhyamika prasangika[11] (la vía media de los consecuencialistas).

Entre los practicantes denominados oyentes y solitarios, existen los arya, que han aprehendido el vacío.[12] Pero un arya en la vía del bodhisattva aprehende directamente el vacío porque se beneficia de la práctica en profundidad de los medios idóneos. Una sabiduría tal que aprehende directamente el vacío actúa como un antídoto en las emociones aflictivas específicas. Cuando hablamos de las cuatro nobles verdades, la vía auténtica[13] se aplica de hecho a la sabiduría que aprehende el vacío, sabiduría que se encuentra en el continuum mental de un ser superior o arya. Se dice también de la bodhichitta última que está libre de cualquier elaboración conceptual, particularmente en el contexto de diversas categorías de vacíos tales como los dieciséis vacíos, los veinte vacíos, los dos vacíos[14] y así sucesivamente.

Aunque hay tantas categorías de vacío como tipos de fenómenos, cuando aprehendéis el vacío de un fenómeno en particular, aprehendéis también el vacío de todos los fenómenos. La naturaleza última, o vacío, de cualquier fenómeno es siempre la misma. Aunque la naturaleza vacía de todos los fenómenos es idéntica, y aunque los diversos aspectos de los fenómenos, tales como su carácter benéfico o maléfico, surgen de la esfera del vacío, deberéis comprender que el vacío no puede hallarse fuera del sujeto o del objeto.

El vacío no es más que la condición de un objeto libre de existencia intrínseca. Las cosas dependen de unas causas y unas condiciones. Esta dependencia con respecto a unas causas y unas condiciones incluso significa que los fenómenos están desprovistos de una existencia independiente o intrínseca. Demuestra también que los diversos aspectos de las cosas que percibimos surgen del hecho mismo de que aquéllas son vacías por naturaleza. Cuando hablamos de vacío, no tratamos de estos aspectos diferentes, sino de la realidad última de un fenómeno. Desde este punto de vista es desde el que se puede decir que el vacío está libre de elaboraciones. También explica que el vacío no tiene imperfecciones, como expresa con claridad la estancia de homenaje de la *Sabiduría fundamental*[15] de Nagarjuna:

> *Dirijo mi homenaje al perfecto Buda,*
> *supremo entre los hombres, quien enseña que*
> *todo lo que surge en interdependencia*
> *ni cesa ni tiene principio,*
> *ni se destruye ni permanece,*
> *no sufre vaivenes,*
> *no es distinto ni tiene identidad,*
> *se halla liberado de toda elaboración mental,*
> *perfectamente en paz.*

El vacío y el origen interdependiente son las dos caras de una misma moneda. Desde el punto de vista del origen interdependiente, o de la perspectiva convencional, las cosas surgen, las cosas acontecen y las cosas cesan. El pasaje de la *Sabiduría fundamental* que acabo de citar manifiesta que las cosas no acontecen, ni cesan, ni se destruyen, tampoco son permanentes ni en modo alguno independientes. Desde el punto de vista temporal, no hay ni aniquilación independiente ni permanencia. Desde el punto de vista del objeto, no hay ni ida ni venida independientes. Nagarjuna describe ocho categorías de elaboraciones, entre las que se cuentan el acaecimiento y el cese, y muestra que no surgen de manera independiente. Se ha dicho que los arya o seres superiores, cuya percepción directa de la sabiduría no tiene faltas, no han constatado la existencia independiente en el acaecimiento o el cese de los fenómenos que se manifiestan en dependencia. Su mente ve solamente la realidad última, el vacío, que está libre de cualquier elaboración.

Se describe la realidad última o bodhichitta última como una claridad extrema. Se la llama «última» porque se trata del objeto que entraña la sabiduría última. Se la califica también de inmaculada e inconmovible. En otras palabras, la sabiduría de un ser superior en absorción meditativa es una sabiduría que combina una mente que reposa en calma y la visión superior. Una vez obtenida la estabilidad respecto al objeto de vuestra investigación, podéis aplicarle vuestra comprensión sin ser perturbados por la pereza mental o la excitación creada por los pensamientos. Se dice de tal sabiduría que es inconmovible y se la compara a una lámpara de aceite que no es perturbada por la brisa.

La bodhichitta última es trascendente y libre de cualquier elaboración. La manera de alcanzarla se explica como sigue:

Se alcanza tras una larga, constante y atenta dedicación a dominar el yoga de la meditación de la calma mental y de la visión superior. El Sutra que revela el pensamiento[16] dice: «Oh, Maitreya, debes saber que todos los dharma virtuosos de los oyentes, de los bodhisattva o de los tathagata, bien sean mundanos o trascendentes, son el fruto de la meditación de la calma mental y de la visión trascendente». Dado que todos los tipos de concentraciones pueden ser incluidas en estas dos categorías, todos los yoguis deben en todo momento buscar la meditación de la calma mental y de la visión superior. Y el Sutra que revela el pensamiento insiste: «El Buda ha dicho que se debe saber que las enseñanzas de los di-

ferentes tipos de concentraciones descubiertos por los oyentes, los bodhisattva y los tathagata se hallan en la meditación de la calma mental y de la visión superior».

Una mente que repose en calma implica un estado mental en el que vuestra mente reposa sobre el objeto de vuestra elección y en el que no es distraída por otros objetos exteriores al objeto de vuestra concentración mental y vuestra meditación. Vuestra mente permanece estable, centrada en el objeto y libre de cualquier pereza o excitación. Ese estado mental recibe el nombre de concentración unificada, y gracias a la estabilidad que procura, estaréis en disposición de alcanzar la felicidad mental. La visión superior entraña una mirada superior sobre la realidad última o sobre el objeto de vuestra concentración. Existen dos categorías de visión superior: mundana y trascendente. Según las diferentes categorías, la visión superior puede versar sobre diferentes objetos, pero aquí se refiere a la mente que se concentra en el vacío.

El Buda Shakyamuni enseñó las dos prácticas, la calma mental y la visión superior, y constituyen el único método por el que podéis alcanzar todos los niveles de concentración. Por lo tanto, el texto dice que, ya que la calma mental y la visión superior son de igual importancia, deberíais cultivar ambas cualidades:

Los yoguis no pueden eliminar la oscuridad por el simple hecho de familiarizarse con la meditación de la calma mental. Ésta no puede suprimir más que temporalmente las emociones aflictivas y las ilusiones. Sin la luz de la sabiduría no se puede destruir completamente el potencial latente de las emociones aflictivas y, por lo tanto, su total erradicación no será posible. Por eso el Sutra que revela el pensamiento dice: «La concentración puede suprimir eficazmente las emociones aflictivas, y la sabiduría, destruir totalmente su potencial latente».[17]

La meditación de la calma mental no os permitirá por sí sola eliminar ni lo que oscurece el despertar ni las emociones aflictivas. Incluso si concluís la meditación de la calma mental tomando como objeto el vacío, no bastará. Para erradicar la oscuridad se requiere el apoyo de la práctica de la visión superior.

El Sutra que revela el pensamiento *dice también:*

> *«Aunque meditéis con una concentración unificada,*
> *no destruiréis el error del ser*
> *y vuestras emociones aflictivas os perturbarán de nuevo;*
> *lo que nos recuerda la meditación unificada de Udrak.*

La meditación de la calma mental no será capaz por sí sola ni de disipar las emociones aflictivas ni de destruir el error del ser. Las emociones aflictivas surgirán de nuevo y os atormentarán más veces, como le sucedió a un maestro no budista llamado Udrak. Meditaba sobre la calma mental desde hacía mucho tiempo, hasta tal punto que su cabellera creció extraordinariamente. Mientras estaba completamente absorto en una concentración unificada, una parte de su cabellera fue devorada por las ratas. Cuando emergió de su meditación vio que las ratas habían roído sus cabellos y montó en cólera, así que sus emociones aflictivas se manifestaron de nuevo. Aunque las emociones aflictivas no se manifestaron cuando estaba absorto en una meditación unificada, el hecho de que volvieran después de que hubo dejado su meditación muestra claramente que la meditación de la calma mental no puede por sí sola poner término a las emociones aflictivas.

»*Que la insubstancialidad de los fenómenos sea examinada con*
[precisión,
y que se efectúen las meditaciones sobre la base de este análisis

y ésa será la causa que engendrará la liberación;
ninguna otra causa puede aportar la paz.

Así pues, el examen preciso de la insubstancialidad de los fenómenos significa que al emplear la visión superior o la conciencia lúcida con capacidad de discernimiento podemos liberarnos. No podemos utilizar ninguna otra técnica para alcanzar la liberación o nirvana.

Y *la* Canasta de los Bodhisattva[18] *dice: «Los que no han escuchado las diversas enseñanzas procedentes de la* Canasta de los Bhodisattva *ni las enseñanzas prácticas de la disciplina monástica y piensan que la concentración unificada por sí sola basta, caerán en la trampa de la arrogancia debida al orgullo. Por eso no pueden obtener la completa liberación del nacimiento, la vejez, la enfermedad y la muerte, de la aflicción, el llanto, el sufrimiento, la tristeza y las perturbaciones. Tampoco pueden alcanzar la completa liberación del ciclo de los seis destinos, ni del amontonamiento de los agregados del sufrimiento mental y físico. Teniendo esto en la mente, el tathagata dijo que la atención a las enseñanzas os ayudará a obtener la liberación de la vejez y de la muerte».*

Así pues, deberéis escuchar las explicaciones sobre el sentido de la esencia y después meditar sobre ellas, lo que os ayudará a alcanzar la liberación del sufrimiento.

Por estas razones, los que deseen alcanzar la sabiduría trascendente absolutamente purificada por la eliminación de toda oscuridad, deberían meditar sobre la sabiduría aun manteniéndose en la meditación de la calma mental.

Notas

1. Los tres ámbitos del samsara: el ámbito del deseo (sánscr.: *kāma-dhātu*), que agrupa a los seres de los infiernos, los fantasmas ávidos, los animales, los seres humanos, los dioses celosos (*skasura*) y los dioses del deseo; el ámbito de la forma (sánscr.: *rūpadhātu*), que concierne a una parte de los dioses; y el ámbito de lo sin forma (sánscr.: *arūpadhātu*), que agrupa a cuatro tipos de dioses absortos en los niveles meditativos más allá del deseo y de la forma.

2. Los seres humanos, los dioses celosos (*asura*) y los dioses (*deva*).

3. El cuarto y último dhyana de la forma pura. Existen cuatro niveles de concentración meditativa que corresponden al ámbito de la forma pura, depurados de los niveles primarios del deseo, pero en los que subsiste un apego sutil a la forma. Están seguidos por cuatro niveles de concentración (sánscr.: *samāpatti*) que corresponden al dominio de lo sin forma, depurados de todo apego a la forma, pero aún manchados por un apego sutil a lo sin forma. Todos estos niveles de dhyana son todavía del ámbito mundano y no permiten a los meditantes liberarse del samsara. Son etapas que deben ser superadas.

4. La bodhichitta convencional (sánscr.: *samvṛttibodhicitta*; tib.: *kun-rdzob byang chub sems*) se traduce también como bodhichitta relativa. La bodhichitta última (sánscr.: *paramārthabodhicitta*; tib.: *don dam byang chub sems*) se conoce también con el nombre de bodhichitta absoluta.

5. *Los niveles de los bodhisattva*, obra atribuida a Asanga.

6. *Bodhicaryavatara*, X, 55.

7. Según el budismo tibetano, son el sistema vaibhasika (la gran exposición); el sistema sautrantika (adeptos de los sutra), ambos pertenecientes al Hinayana o vehículo fundamental; y el sistema chittamatra (únicamente) que pertenece tanto al Mahayana como al Madhyamika (vía media).

8. El término empleado tanto para las personas como para los fenómenos exteriores es *bdag-med*, «inexistencia del ser». Sin embargo, es difícil hablar del «ser» de una mesa, de ahí la elección de hablar de «insubstancialidad» al referirse a fenómenos externos.

9. La vía de la visión (sánscr.: *darśanamarga*; tib.: *mthong lam*) es la tercera de las cinco vías que el practicante mental debe recorrer según el budismo Mahayana. Las cinco vías son: la vía de la acumulación, la vía de la preparación, la vía de la visión, la vía de la meditación y la vía en la que ya no hay nada que aprender, que no es otra que el logro del despertar.

10. Kamalashila era discípulo de Shantaraksita, el promotor de la filosofía Yogacara madhyamika sautantrika en el Tíbet, es decir, de la corriente Madhyamika sautantrika según su rama Yogacara.

11. La escuela Madhyamika predominante actualmente en el budismo tibetano, considerada como el punto de vista filosófico definitivo.

12. Se trata de los oyentes o shravaka, que se liberan por la audición de las enseñanzas del Buda, y de los realizados solitarios o pratyekabuddha (buda por sí mismo), que se liberan por sí mismos y en soledad, sin recurrir a escuchar las enseñanzas en esta vida. Estos dos tipos de arya siguen la vía del Hinayana, es decir, que pretenden el estado de arhat y el nirvana y no el pleno despertar de un buda perfectamente logrado, el cual no puede obtenerse más que tras haber recorrido la vía de los bodhisattva.

13. Es decir, la cuarta de las cuatro nobles verdades, la de la vía que lleva al cese del sufrimiento.

14. En los *Prajnaparamitasutra* se dan doce diferentes clasificaciones del vacío, pero todas se resumen en los dos vacíos: vacío del ser individual y vacío de los fenómenos exteriores.

15. El *Mulamadhyamakakarika* de Nagarjuna, su obra fundamental sobre el vacío, considerada fundacional por todo el Madhyamika.

16. El *Samdhinirmocanasutra*, uno de los principales sutra del Mahayana, que los tibetanos asocian a la tercera vuelta de rueda, consagrada a la luminosidad de la mente y a la naturaleza del buda.

17. Es decir, las señales o huellas kármicas de los actos pasados, que impregnan la conciencia actual. Son como las simientes que condicionan la emergencia de nuevas emociones aflictivas y oscurecen así la mente. Sólo cuando el potencial latente es eliminado del continuum mental, las mismas causas de la ilusión y del sufrimiento son definitivamente eliminadas.

18. El *Bodhisattvapitakasutra*.

6

La sabiduría

SEGÚN LA TRADICIÓN BÚDICA, la validez de una doctrina está determinada por el razonamiento lógico. El Buda lo dijo muy claramente:

> Los bhiksu[1] y los sacerdotes deberían examinar mis palabras
> como un orfebre pone a prueba el oro quemándolo, cortándolo
> y golpeándolo
> sólo después de eso se deberían aceptar mis palabras
> y no por simple respeto hacia mí.

Por lo tanto, para proceder al establecimiento del estatuto de los fenómenos, tanto exteriores como interiores, deberíamos apoyarnos en el razonamiento. No hay que fiarse solamente de la autoridad de las escrituras. Lo que se enseñó en los escritos canónicos puede ser analizado a la luz de la razón y la validez de su contenido podrá así ser establecida. Las mismas palabras del Buda pueden ser sometidas a examen. Uno de los rasgos más maravillosos de la cultura búdica consiste en el hecho de que el practicante tiene derecho a examinar las enseñanzas. También las palabras del maestro pueden ser examinadas. El acercamiento budista al conocimiento es semejante al de la ciencia moderna. En principio, no deberíamos hacer ninguna declaración categórica sobre un tema de controversia, sino examinar el problema con imparcialidad. La conclusión debería estar determinada por el análisis, examinando la prueba con ayuda de la razón. En general, el budismo tiene el razonamiento lógico en la más alta estima.

Es importante establecer la base, la vía y el fruto. La base, aquí, significa el hecho o la realidad del fenómeno. Seguimos una vía mental basada en este hecho y así obtenemos un resultado o fruto. La práctica mental no es una simple elaboración de la mente, sino algo que realmente existe. Si la base de la práctica mental no fuese más que una simple creación de la imaginación, no encerraría el potencial de cambiar y transformar nuestra mente a través de la práctica de la vía. Por lo tanto, no se podría explicar la liberación y todo lo demás como un resultado.

El estado resultante de un buda está dotado de numerosas y eminentes cualidades. Estas cualidades se producen cultivando las causas y las condiciones apropiadas y comprometiéndose en la práctica de la vía mental. Los diez poderes[2] y otros atributos de un buda se desarrollan a lo largo del tiempo porque los individuos tienen el potencial de producir tales cualidades. De una manera general, nada que no tenga una base o un fundamento puede acontecer. Sería absurdo afirmar que la omnisciencia surge de las rocas o de las montañas. Es mucho más lógico decir que el hecho de comprometerse en la vía que combina los medios idóneos y la sabiduría sobre la base de la conciencia puede producir la omnisciencia.

El establecimiento de la base es una etapa verdaderamente crucial. Permite distinguir lo que existe de lo que no es nada más que una simple invención de la mente. Se trata de identificar correctamente las leyes de la naturaleza y de la realidad. Por lo tanto, si se quiere establecer la verdadera naturaleza de la base, es importante ser objetivo.

Los discípulos del Buda dejaron por escrito varias interpretaciones de sus enseñanzas. Cuando una enseñanza de las escrituras no puede soportar el análisis lógico, se interpreta su sentido en el contexto de tres criterios: la intención, el fin y la contradicción. Por ejemplo, si un sutra trata de la realidad última, pero, a la luz del análisis, el sentido aparente se revela defectuoso, es interpretado según la intención y el fin con los que fue impartido. Asimismo, cuando se comprueba que los aspectos oscuros que conciernen a la inexistencia del ser son defectuosos a la luz de la lógica inferencial, en modo alguno hay que aceptarlos. El tamaño del Sol y el de la Luna, la distancia que los separa de la Tierra y sus movimientos se nos aparecen hoy con más claridad. Así, si un texto de las escrituras describe fenómenos tan evidentes de una manera que contradice nuestra percepción directa, no hay que aceptar como verdadera la versión de las escrituras. En general, el budismo y la ciencia moderna se aproximan de manera parecida a estos fenómenos.

Las enseñanzas budistas se presentan en el contexto mental de la base, la vía y el fruto. El fruto concierne a las numerosas y eminentes cualidades manifestadas por el practicante cuando alcanza la condición de buda. Para adquirir dichas cualidades, debéis reunir las causas y condiciones adecuadas, es decir, una práctica mental que se haya integrado en vosotros. Es importante saber que cada uno de nosotros tiene el potencial de desarrollar los diez poderes y las otras cualidades maravillosas de un buda. El potencial es inherente a la corriente continua de nuestra conciencia. De una manera general, no se puede producir nada que no tenga una base o un fundamento adecuado. Del mismo modo que sería absurdo decir que las rocas y las montañas tienen la capacidad de alcanzar la omnisciencia por medio de una práctica mental, resulta evidente que los seres que están dotados de conciencia pueden alcanzar la omnisciencia.

En este caso, la base espiritual no es otra que la naturaleza intrínseca de la mente, que tiene el potencial de alumbrar el despertar en su plenitud. La vía mental reúne los aspectos del método y de la sabiduría, lo que quiere decir que un practicante acumula los méritos y las ideas que le conducen hacia la trascendencia de la condición de buda. Es esencial comprender las bases de la filosofía budista. No se trata de creaciones fantasiosas de la imaginación, porque se adecuan a la realidad. Si no se tratara más que de quimeras no se podría progresar en la vida, fuesen cuales fuesen los esfuerzos desplegados. No se obtendría ningún resultado y sería imposible alcanzar la liberación. Hay que mantener una mente abierta e imparcial cuando se examinan los principios fundamentales. Si tenéis vestigios de otras perspectivas filosóficas, os será difícil apreciar los principios de manera objetiva.

Deberíamos examinar y analizar estas cuestiones y aceptar aquellas que encontremos lógicas. Puede ser que haya temas sobre los que la tradición budista tiene explicaciones que la ciencia no ha establecido todavía, y sobre los que, por lo tanto, no tiene ninguna opinión. Pero cuando se trata de hechos probados científicamente, no deberíamos ser dogmáticos respecto a lo que está escrito en nuestros textos. Como ya he dicho, este texto trata ante todo de dos verdades básicas: la práctica del método y la sabiduría en tanto que vía espiritual, y las conclusiones de la sabiduría y del cuerpo físico[3] de un ser despierto en tanto que resultado.

Los que deseen obtener la sabiduría trascendente que está absolutamente libre de todo oscuridad deberían meditar sobre la sabiduría, aun persistiendo en una concentración unificada.

El Sutra de la pila de joyas[4] *dice: «La concentración unificada se alcanza por la adhesión a la ética. Con la consecución de una concentración unificada, meditáis sobre la sabiduría. La sabiduría os ayuda a obtener una conciencia clara perfectamente pura. Gracias a la conciencia clara perfectamente pura, se culmina vuestra conducta moral».*

Con el fin de alcanzar nuestro objetivo, tanto para el prójimo como para nosotros mismos, toda oscuridad debería ser eliminada. Los que tengan la intención de aprehender de este modo la sabiduría trascendente deberían en primer lugar practicar la meditación de la calma mental. Un practicante que tiene la capacidad de analizar los fenómenos por medio de la sabiduría que aprehende la identidad, mientras está comprometido en la meditación de la calma mental, puede engendrar la visión superior.

En el plano de la práctica, los tres adiestramientos se presentan según un orden definido. Nos explicamos. El texto dice: «La sabiduría os ayuda a obtener una conciencia clara perfectamente pura». Una sabiduría perfectamente trascendente tiene la capacidad de erradicar la oscuridad, así como sus simientes. La sabiduría que aprehende la verdad convencional, por poderosa que pueda ser, no tiene esa capacidad. Por lo tanto, podemos concluir que para alcanzarla, debe haber una sabiduría que aprehende la verdad última. En este contexto, la sabiduría perfectamente trascendente implica la omnisciencia. Y para obtener la omnisciencia, se deben eliminar la oscuridad que obstaculiza la liberación —las emociones aflictivas— y la oscuridad que obstaculiza el conocimiento. Por sí sola, la sabiduría es la resistencia directa que nos hace capaces de erradicar los dos tipos de oscuridad y sus simientes, las potencialidades latentes. Ni la disciplina ética ni la concentración unificada pueden afrontarlas directamente. Aquí, el término sabiduría se refiere a la sabiduría surgida de la meditación, y no a la que proviene de la escucha y de la contemplación. Por lo tanto, para hacer efectiva la visión superior que aprehende la realidad última, debéis ante todo llegar a ser diestros en la meditación de la calma mental. Ya que la concentración unificada es un pensamiento positivo, la pesadez mental y la excitación, por leves que sean, deben ser abandonadas. Para disipar esos defectos, debéis, en primer lugar, adiestraros en las prácticas de la disciplina ética.

El Sutra sobre la meditación de la fe en el Mahayana[5] *dice:*
«Oh, hijo de buena familia, si no te ciñes a la sabiduría, no me será
posible decirte cómo podrás tener fe en el Mahayana de los bodhi-
sattva ni cómo podrás adentrarte en él.

Este pasaje concierne al desarrollo de la fe o de la convicción
que acompaña al conocimiento. A menos que el «hijo de buena familia» o practicante sea capaz de desarrollar la sabiduría de la visión superior, no será posible desarrollar una fe basada en el conocimiento. Claro que una persona puede tener una fe ferviente, pero
cuando se desarrolla en ella una fe que resulta de la comprensión
de la realidad última, ésta está sostenida por la razón y el conocimiento. La verdadera renuncia, por ejemplo, no puede desarrollarse más que cuando el sistema de liberación se ha comprendido correctamente. El individuo llega a la convicción fundamental de que
la liberación es posible y de que se trata de algo que puede desarrollarse en el seno de su corriente de conciencia. Este tipo de renuncia
es de una calidad extraordinaria. Del mismo modo, nuestro refugio
gana en calidad poco a poco y a medida que se afina nuestro conocimiento del vacío.

»Oh, hijo de buena familia, deberías saber que esto es así por-
que tanto la fe del bodhisattva en el Mahayana como su inserción
en él resultan de la contemplación del perfecto Dharma y de la rea-
lidad por medio de una mente despierta. •

Aquí se muestra claramente la necesidad de desarrollar una sabiduría que examine las realidades convencional y última en el
seno de una concentración unificada, de manera que conduzca al
practicante a ganar una convicción firme y una fe en la base, la vía
y el resultado mentales que el sistema del Mahayana enseña.

La mente de un yogui se distraerá con diversos objetos si se contenta con cultivar la visión superior sin desarrollar un estado de reposo apacible. Será inestable, como una lámpara de aceite al viento. Ya que la claridad de la conciencia clara original estará entonces ausente, los dos métodos [la visión superior y la mente que reposa en calma] deberían ser cultivados por igual. Por eso, el Sutra del gran y perfecto más allá del sufrimiento[6] dice: «*Los oyentes son incapaces de ver la naturaleza de buda porque su absorción unificada es demasiado fuerte y su sabiduría demasiado débil.*

Si esto se interpreta en los términos de los sistemas filosóficos que afirman que los discípulos de la vía de los oyentes y de la de los realizados solitarios no aprehenden la inexistencia del ser de los fenómenos o vacío,[7] se dirá que no ven la naturaleza de buda con una sabiduría que analice la realidad. Aprehenden solamente la existencia del ser de las personas y no la insubstancialidad de los fenómenos porque su concentración es más poderosa que su sabiduría. Si se interpreta según la opinión de que los arya o los seres exaltados entre los oyentes y los realizados solitarios son parecidos a los arya del Mahayana en lo que concierne a la aprehensión del vacío,[8] la afirmación de que los oyentes no son capaces de ver la naturaleza de buda significa que su aprehensión de la naturaleza de la mente impura no se apoya en la lógica ni en los razonamientos, porque su concentración unificada es fuerte, y su sabiduría, débil.

»Los bodhisattva pueden verla, pero no con claridad, ya que su sabiduría es demasiado fuerte, y su concentración unificada, demasiado débil. Sólo los tathagata pueden ver la totalidad porque poseen en un mismo grado una mente en calma y una visión superior».

Este punto es difícil, ¿no? Pero podemos dar dos explicaciones. En primer lugar, pienso que el autor quería decir aquí que si los bodhisattva tienen una percepción directa de la identidad, únicamente aprehenden directamente la identidad durante la absorción meditativa y no en el curso del período posmeditación. Sin embargo, para los buda, la aprehensión de la identidad es total y completa. Aprehenden, por lo tanto, la identidad en cualquier momento, mediten o no, sin distinción alguna.

En segundo lugar, el pasaje podría significar que si bien los bodhisattva aprehenden directamente la identidad de la mente, no lo hacen con claridad, debido a las potencialidades latentes de las impurezas mentales que aún deben eliminar. Por el contrario, los buda están completamente libres de la menor impureza y han eliminado totalmente sus potencialidades latentes, así que su conocimiento de la identidad es excelente.

A causa del poder de la meditación de la calma mental, la mente no se verá perturbada por el viento de los pensamientos conceptuales, será como una lámpara de aceite a la que la brisa no agita. La visión superior elimina todos los defectos de las visiones erróneas, de manera que las opiniones de los demás no os afectarán. El Sutra de la lámpara lunar[9] *dice: «Gracias a la fuerza de la meditación de la calma mental, la mente se hará imperturbable, y gracias a la visión superior, se hará como una montaña». De la unión de ambas se nutre la práctica yóguica.*

Aquí revela las características y el sentido de la meditación de la calma mental y de la visión superior. La meditación de la calma mental es una cualidad de la mente que presta una atención unificada a su objeto, libre de todas las distracciones exteriores e interiores. La mente no se fija en ningún otro objeto más que en el de su concentración. Dado que está libre de todo lastre, asimila su objeto con la mayor claridad. El desarrollo prolongado de dicho estado mental unificado tiene como resultado la felicidad producida por la flexibilidad física y mental. Y esta concentración unificada sumada a la felicidad es la meditación de la calma mental en sí misma. La visión superior es una sabiduría que une la felicidad física y mental a la aprehensión del vacío. La felicidad brota de la sabiduría analítica, que examina una y otra vez la realidad de su objeto, y se basa en la felicidad de la meditación de la calma mental. Esta visión no puede satisfacerse con la simple fijación de la mente sobre su objeto. Cualquiera que sea el objeto, bien concierna a la realidad convencional o bien a la realidad última, es minuciosamente examinado con la ayuda de la sabiduría analítica.

NOTAS

1. Los monjes plenamente ordenados.

2. Los diez poderes (sánscr.: *daśabala*; tib.: *stobs-bcu*): 1) el poder de conocer lo que está fundado (los hechos) y lo que no lo está (la ilusión o la ficción); 2) el poder de conocer los resultados del karma; 3) el poder de conocer las diversas aspiraciones de los seres; 4) el poder de conocer los diversos temperamentos de los seres; 5) el poder de conocer las diversas facultades (capacidades intelectuales) de los seres; 6) el poder de conocer todas las vías y sus objetivos; 7) el poder de conocer las concentraciones meditativas, las liberaciones, los recogimientos e igualaciones así como los fenómenos impuros y los fenómenos totalmente puros; 8) el poder de conocer las existencias anteriores; 9) el poder de conocer la muerte de los seres y su renacimiento; 10) el poder de conocer cómo se llega a la extinción de las impurezas.

3. La sabiduría se refiere al dharmakaya o cuerpo absoluto de un buda y el cuerpo físico hace alusión a los cuerpos formales (sánscr.: *rūpakāya*): el sambhogakaya o cuerpo de goce y el nirmanakaya o cuerpo de aparición, destinados ambos a obrar el bien de los seres.

4. *Ratnakutasutra*, una vasta colección de sutra del Mahayana.

5. El *Mahayanaprasadaprabhavanasutra*.

6. El *Mahaparinirvanasutra*.

7. Es la opinión sobre los sistemas filosóficos del Mahayana sostenida por los Nyingmapa, los Sakyapa y los Kagyupa del budismo tibetano.

8. Es la opinión de Dje Tsongkhapa (1357-1419) y de sus sucesores en la escuela Guelougpa del budismo tibetano.

9. El *Candrapradipasutra*.

7

Condiciones previas a la meditación de la calma mental y la visión superior

¿CÓMO PRACTICAR CONJUNTAMENTE la meditación de la calma mental y la visión superior?

Para empezar, el yogui debería reunir las condiciones previas que le ayudarán a lograr con prontitud y facilidad la meditación de la calma mental y la visión superior.

Es evidente que los practicantes necesitan apoyarse en las condiciones previas para realizar aprehensiones mentales.

Las condiciones previas indispensables para el desarrollo de la meditación de la calma mental son: vivir en un lugar favorable, limitar los deseos propios y practicar la satisfacción, no implicarse en muchas actividades, mantener una moralidad pura y eliminar completamente el apego y cualquier otro tipo de pensamiento conceptual.

Kamalashila explica después qué significa un entorno favorable o adecuado.

Se reconocerá un entorno favorable por estas cinco característi-cas: debe ser posible procurarse fácilmente la alimentación y el ves-tido, debe estar desprovisto de seres malignos y de enemigos, estar desprovisto de enfermedades, ser frecuentado por buenos amigos que mantengan una disciplina ética y compartan visiones similares, no ser visitado por mucha gente durante el día y ser poco ruidoso por la noche. Limitar sus deseos significa no estar excesivamente apegado a la cantidad y la calidad de las vestimentas, tales como ropas monacales, etc. Por práctica de la satisfacción hay que enten-der contentarse siempre con poco, por ejemplo, con ropas monaca-les sobrias, etc. No estar implicado en muchas actividades quiere decir evitar actividades ordinarias tales como los negocios, evitar asociarse estrechamente con laicos y monjes y abandonar comple-tamente la práctica de la medicina y la astrología.

Las asociaciones, en este contexto, designan las reuniones y charlas sobre esto y aquello sin ningún fin. Para los que son ca-paces de meditar con mucha concentración, prácticas como la medicina o la astrología se convierten en impedimentos. Por lo tanto, a menos que existan razones especiales para actuar de otra manera, se aconseja que los practicantes renuncien a esas ocupa-ciones mundanas.

Aunque se diga que una transgresión de los votos de los oyen-tes no puede ser reparada, si la pesadumbre y la conciencia clara de la intención de no reincidir están presentes, así como la con-ciencia de la ausencia de identidad real de la mente que ha cometi-do la acción e incluso de su familiaridad con la ausencia de identi-dad real de todos los fenómenos, se puede decir que la moralidad de la persona es pura. Se debería comprender esto según el Sutra sobre la eliminación de las penas de Ajatashatru.[1] *Deberíais sobreponeros a vuestra pesadumbre y redoblar el esfuerzo en vuestra meditación.*

Los dos tipos de ética son los votos de la liberación individual[2] y los votos de bodhisattva.[3] Podrían también incluirse los votos de la gente ordinaria y los votos de los laicos.[4]

El pasaje siguiente trata de la futilidad de los deseos y de la necesidad de descartar las actividades mundanas. Para este fin, es importante descartar cualquier tipo de concepción errónea.

El hecho de identificar los diversos defectos del apego a esta vida y a las vidas futuras os ayudará a eliminar las concepciones erróneas sobre esta cuestión. En el ciclo de las existencias, tanto las cosas hermosas como las repugnantes tienen en común que todas son inestables y están sujetas a la desintegración. No hay duda de que os separaréis dentro de poco de todas esas cosas. Meditad: «¿por qué entonces el ser se apega con tanta fuerza a las cosas?», y después disipad todas las concepciones erróneas.

¿Cuáles son las condiciones previas a la visión superior? Es necesario confiarse a las personas santas, estudiar seriamente las instrucciones recibidas y practicar una contemplación correcta.

En este contexto, la contemplación concierne a la vez a la meditación sobre la realidad convencional y la realidad última. Ahora el texto explica cuáles son las características de un guía espiritual.

¿En qué tipo de persona santa deberíamos confiar? En la que ha oído muchas [enseñanzas], se expresa claramente, está dotada de compasión y tiene la capacidad de superar adversidades.

Expresarse con claridad no conduce a nada si no se tiene compasión. Cuando falta la compasión, incluso un gran conocimiento es de poca utilidad. Se nos explica que la compasión o el buen corazón constituye la cualidad más esencial para que un maestro sea productivo y eficaz en el marco de la enseñanza. Existen otros defectos en la enseñanza, por ejemplo estar fatigado de dar explicaciones a los estudiantes. Igualmente importante es ser tolerante y armarse de paciencia frente a tales dificultades.

¿Qué quiere decir estudiar seriamente las instrucciones recibidas? Se trata de escuchar seria y respetuosamente el sentido definitivo y el susceptible de ser interpretado de las doce ramas de las enseñanzas del Buda. El Sutra *que revela el pensamiento nos dice: «No escuchar las enseñanzas de los seres superiores como lo desearíais es un obstáculo para la visión superior». El mismo sutra añade: «La visión superior surge de su causa, la visión correcta, que a su vez proviene de la escucha y la contemplación». El* Sutra *de las preguntas de Narayana dice: «Por la experiencia de la escucha [de las enseñanzas] obtenéis la sabiduría, y con la sabiduría, todas las emociones aflictivas serán rigurosamente apaciguadas».*

Este pasaje explica muy clara y sucintamente las ventajas de la adquisición de un amplio conocimiento por medio de la escucha y la contemplación. Esto se aplica especialmente al valor de un conocimiento rico y polivalente de las enseñanzas de las escrituras.

¿Qué se entiende por contemplación correcta? Se trata de establecer con precisión cuáles son los sutra definitivos y cuáles son susceptibles de interpretación. Cuando los bodhisattva se liberan de la duda, pueden meditar de manera unificada. Pero si les asaltan la duda y la indecisión, serán como un hombre en una encrucijada, incapaces de escoger la vía a seguir.

Sea lo que sea lo que habéis oído, es extremadamente importante captar el sentido por medio de la contemplación. De otra forma, seréis como una persona indecisa en un cruce de caminos. La indecisión y la duda son un obstáculo natural para el desarrollo de vuestra capacidad de enseñar y de explicar el tema a los estudiantes.

En el pasaje precedente, el texto hace alusión a los sutra de sentido definitivo[5] y de sentido interpretable.[6] ¿Qué se entiende por eso? Se trata de uno de los problemas más cruciales de la filosofía budista. Se dice comúnmente que el Buda dio tres vueltas a la rueda del Dharma. La primera vuelta representa las cuatro nobles verdades. La exposición de las cuatro nobles verdades constituye la trama y el fundamento del budismo. Las cuatro verdades son la verdad del sufrimiento, la verdad del origen del sufrimiento, la verdad del cese y la verdad del camino.

En la segunda vuelta de la rueda del Dharma, el Buda trató exclusivamente y de manera exhaustiva de la noble verdad del cese. Hay indicios que tienden a mostrar que las escrituras de la perfección de la sabiduría[7] tienen su origen en esta enseñanza. Como había individuos que no podían comprender la noción de inexistencia del ser tal como fue enseñada en el curso de la segunda vuelta de rueda y era posible que algunas personas desarrollasen visiones erróneas a este respecto, fue en el curso de la tercera vuelta de rueda cuando el Buda clarificó su discurso sobre la inexistencia del ser en el marco de la exposición de tres tipos de fenómenos: los fenómenos imputados, los fenómenos dependientes y los fenómenos perfectamente establecidos.[8] Se dice que los fenómenos imputados están desprovistos de ser porque están desprovistos de identidad propia. Se dice que los fenómenos dependientes están desprovistos de ser porque están desprovistos de la identidad de ser producidos por sí mismos y también se dice que los fenómenos perfectamente establecidos están desprovistos de ser porque están desprovistos de cualquier identidad última.

Sin embargo, algunos sutra enseñados durante la tercera vuelta de rueda, como el *Sutra de la esencia de los tathagata*[9] explicaron la lucidez de la mente subjetiva además de la clara luz del objeto, o vacío, que había sido perfectamente expuesta en el curso de la segunda vuelta de rueda. La naturaleza de la mente esta tratada allí con gran detalle. Dado que la cuarta noble verdad, la verdad del camino, estaba explicada de manera más explícita y profunda, el vínculo entre ésta y los tantra surgió de forma natural, facilitando la comprensión de sus enseñanzas.

El Buda impartió su enseñanza con el único fin de ser útil a quienes le escucharan. Empleó los medios más adecuados para alcanzar ese objetivo, al impartir las enseñanzas mediante el gran vehículo y el vehículo menor, teniendo en cuenta la mayor o menor apertura mental de las personas. Los diferentes sistemas filosóficos fueron enseñados para su aprovechamiento según los diferentes grados de inteligencia. Así pues, hay cuatro escuelas budistas de pensamiento. Por decirlo burdamente, algunas escuelas sostienen que durante el primer sermón, el Buda no enseñó más que los dieciséis atributos de las cuatro nobles verdades. Afirman que no había en él ninguna enseñanza sobre el vacío, sino solamente explicaciones sobre la inexistencia del ser de las personas.

Por su parte, los sistemas filosóficos del Mahayana sostienen que el Buda explicó la insubstancialidad de los fenómenos o vacío tanto como la inexistencia del ser individual, y las enseñó conjuntamente con los dieciséis atributos de las cuatro nobles verdades. Las escuelas de pensamiento del Mahayana son la escuela chittamatra (mente única) y la escuela madhyamika (vía media). Las dos escuelas afirman la inexistencia en sí de los fenómenos.

Algunas escrituras contienen enseñanzas del Buda que no pueden ser aceptadas literalmente. Por eso debemos dividirlas en enseñanzas definitivas e interpretables. Las definiciones de estos términos también varían en función de las diferentes escuelas de pensamiento. La escuela chittamatra considera que las enseñanzas definitivas son aquellas cuyo sentido puede ser aceptado literalmente, y las enseñanzas interpretables, aquellas cuyo sentido no puede ser aceptado literalmente. La escuela madhyamika suatantrika definía las escrituras de sentido definitivo como las que contienen enseñanzas cuyo tema directo y principal de discusión es la realidad última y pueden ser aceptadas literalmente. Las demás enseñanzas del Buda pertenecen al grupo de las escrituras interpretables.

Para cerciorarnos de la realidad última, el sutil vacío, debemos seguir los sutra y sus comentarios, que exponen el tema a la perfección. Con esta finalidad, debemos comprender las escrituras en su secuencia correcta y según pertenezcan a la categoría de literales o a las de sujetas a interpretación. Ahora bien, si seguimos los pasos de los grandes seres que han indicado qué escrituras estaban sujetas a interpretación y si investigamos el vacío estudiando los sutra y sus comentarios, seremos capaces de aprehender la visión del vacío. Por ello Kamalashila insiste sobre la importancia de estudiar tanto los sutra literales como los que son interpretables.

El texto trata ahora de las condiciones previas comunes a la meditación de la calma mental y a la visión superior.

Los yoguis deberían renunciar permanentemente al pescado, la carne, etc., deberían comer con moderación y evitar los alimentos que no favorezcan la buena salud.

Los yoguis necesitan estar físicamente sanos. Una dieta correcta es esencial para ello. Por otro lado, su mente debería ser lúcida y fuerte. Por estas razones se recomienda abstenerse de comer pescado, carne, ajo, cebolla, etc. Se debería comer con moderación una alimentación apropiada, ya que las indigestiones pueden provocar estragos en la meditación. Además, los que comen mucho difícilmente pueden permanecer despiertos.

Los bodhisattva que han reunido todas las condiciones previas para la meditación de la calma mental y la visión superior deberían entrar en meditación.

Existen otras prácticas, como permanecer despiertos durante la primera y la última parte de la noche. Y mientras se duerme durante la parte media de la noche, es necesario cultivar la atención y mantener una postura correcta.

Una dieta vegetariana pobre en proteínas constituye una manera sana de vivir. Incluso si no podéis ser estrictamente vegetarianos, será beneficioso moderar la cantidad de carne que coméis. En las escuelas meridionales del budismo, el hecho de comer carne no está estrictamente prohibido, pero la carne de algunos animales, como los que no tienen la pezuña hendida o no han sido especialmente sacrificados para vuestro consumo personal, está prohibida. Lo que quiere decir que la carne vendida habitualmente en los mercados es aceptable.

A la carne que puede ser comida se le llama «carne pura» y se distingue por tres condiciones: que no hayáis visto sacrificar al animal para que os lo comáis, que no tengáis ninguna información al respecto y que no tengáis ninguna duda sobre el hecho de que el animal no haya sido sacrificado especialmente para vuestro consumo personal. En general, las escuelas budistas del Mahayana no prohíben tampoco el consumo de carne. Sin embargo, algunas escrituras, como el *Sutra del descenso a Lanka*[10] prohíben estricta y permanentemente el consumo de carne, mientras que otras, como la *Esencia del Madhyamika*[11] de Acharya Bhavaviveka, parecen autorizarlo. De modo que algunos de los textos Mahayana relativos a la perfección de la sabiduría[12] prohíben el consumo de carne, mientras que otros no. Las tres clases inferiores de tantra prohíben estrictamente comer carne, mientras que las clases superiores autorizan el consumo. Algunas prácticas rituales propias de esta clase de tantra requieren los cinco tipos de carne y los cinco tipos de néctar. Por lo tanto, y según la regla más general, se puede comer la carne que se encuentra en el mercado, pero debemos abstenernos de matar o permitir que se maten animales para nuestro consumo personal.

Como se ha explicado más arriba, los practicantes motivados que gozan de las comodidades necesarias y no corren el riesgo de ser molestados deberían cumplir las prácticas preparatorias antes de emprender la meditación de la calma mental.

Cuando medite, el yogui debería primero realizar las prácticas preparatorias. Tras haber ultimado su higiene personal y haberse instalado en un lugar agradable y desprovisto de ruidos perturbadores, pensará: «liberaré a todos los seres llevándoles hacia el estado del despertar». Luego manifestará una gran compasión, el deseo de liberar a todos los seres y rendirá homenaje a todos los buda y bodhisattva de las diez direcciones tocando el suelo con los cinco puntos de su cuerpo.

Evocad una tierra sembrada de acciones meritorias[13] visualizando a todos los buda y bodhisattva reunidos en el espacio delante de vosotros y orad. Ésta es una práctica exclusivamente propia de los sutra. Cuando hagáis la invocación según los tantra, engendrad el ser del compromiso[14] y fundid en él el ser de la sabiduría.[15] Cuando os postréis, la tradición os recomienda que toquéis el suelo con vuestros cinco «miembros»: la frente, la palma de las manos y las rodillas. Es importante y lo deberéis hacer correctamente y con alborozo. No es sano realizar las postraciones como una simple formalidad o a disgusto.

Podéis disponer sobre un altar representaciones del cuerpo, de la palabra y de la mente de los buda o bien visualizarlos en el espacio delante de vosotros. Las ofrendas deberán hacerse según vuestros medios. Si eres rico y próspero, haz buenas y bellas ofrendas, pero si no tienes medios de adquirir bellas y numerosas representaciones del Buda, no es necesario que te las procures de una manera incorrecta. En lugar de incitar a la virtud, las imágenes y los thangkas adquiridos merced al fraude y la estafa no reportan más que consecuencias negativas.

Si eres un monje solitario retirado en las montañas, un gran número de representaciones no hará más que tentar a los ladrones, eso es todo. Por otra parte, grandes santos como Milarepa poseían un grado de aprehensión elevadísimo, pero carecían de imágenes. Milarepa vivía en una gruta vacía. Se cuenta que una noche, un ladrón se introdujo en su gruta buscando algo que robar. Milarepa rió y le preguntó: «¿Qué estás buscando? Si yo mismo no puedo encontrar nada durante el día, ¿qué esperas encontrar tú por la noche?». Deberíais recordar que la aprehensión mental se desarrolla en vuestro interior y que los objetos exteriores no son una gran ayuda.

Hay gente que, en nombre de la práctica religiosa, despliega ímprobos esfuerzos para construir un altar caro y elaborado. Cargado de representaciones sagradas, pasa a engrosar su mobiliario y pierde gran parte de su significado y su propósito. De todas formas, si podéis adquirir representaciones del cuerpo, de la palabra y de la mente de los buda de una manera conveniente, deberíais tener una estatua del Buda Shakyamuni, el fundador del budismo. Para representar su palabra, podéis disponer de un ejemplar del *Sutra de la perfección de sabiduría* como texto principal, así como una copia del *Avatamsakasutra*, que trata de las acciones de los bodhisattva. Al lado de estos objetos, podéis colocar uno de los objetos que representan la mente de los buda.[16]

Si no podéis procuraros esas cosas, no os inquietéis. Pero si podéis, deberéis disponerlas de manera correcta. En el centro, debería haber una imagen pintada, una estatua u otra representación del

Buda Shakyamuni. A su alrededor puede haber representaciones de las deidades de meditación, bajo aspectos apacibles y enojados, y representaciones de los ocho discípulos cercanos a Buda. Si, por el contrario, disponéis estas imágenes en función de su valor monetario, la calidad del material del que están hechas, su antigüedad o su modernidad, estáis cometiendo un grave error. Actuando así reveláis que consideráis las imágenes santas sólo como posesiones materiales.

Sólo comprendiendo cuáles son su significado y su fin dispondréis vuestro altar en el orden correcto. Postraos y disponed las ofrendas ante los objetos sagrados. Debéis estar atentos a lo que ofrecéis. Si ofrecéis lo que se llama «materiales puros», acumularéis inmensos méritos. Al contrario, si los materiales de ofrenda son «impuros», en lugar de ganar en virtud, os colocáis en posición de afrontar consecuencias negativas. Los «materiales impuros» son las cosas obtenidas por medio de los cinco medios malvados de subsistencia, como la adulación, el engaño, etc. Esto concierne especialmente a las personas ya ordenadas.

Cuando la gente trata los textos sagrados, las estatuas o las fotos del Buda como simples mercancías y comercian con ellas para obtener beneficios personales, estamos ante un medio malvado de existencia. Sin duda eso es malsano y acarreará graves consecuencias negativas. Por el contrario, cuando se publican los textos de las escrituras, se fabrican estatuas, etc., con el propósito de difundir la doctrina del Buda, las cosas son distintas. En este caso, si los individuos están animados por la motivación de ayudar a los que necesitan ese apoyo religioso, se están implicando en actividades sanas. Debemos, pues, realzar la importancia de ofrecer materiales puros. Existe una tradición ampliamente extendida entre los tibetanos de ofrecer boles de agua y lámparas de aceite. También se deberá hacer esto con respeto y de una manera apropiada.

A la práctica de las ofrendas siguen una confesión, el júbilo, la petición de enseñanzas, la súplica a los buda de no retirarse en parinirvana y la dedicatoria. En conjunto, estas etapas constituyen la práctica en siete ramas. Los seres altamente realizados cumplen estas prácticas preciosas para acumular un amplio mérito.

Dispondrá frente a sí o en cualquier otro lugar una representación de los buda y de los bodhisattva, como una pintura. Hará tantas ofrendas y oraciones como le sea posible. Confesará sus malas acciones y celebrará los méritos de todos los demás seres.

El meditante debería primero cumplir las prácticas en siete ramas: las postraciones, las ofrendas, la petición de enseñanzas, etc.

Después, se sentará en la postura completa del loto de Vairohana o en la postura del medio loto sobre un cojín confortable. Los ojos no deberán estar ni demasiado abiertos ni demasiado cerrados. Dejará que se posen en la punta de la nariz. El cuerpo no deberá inclinarse ni hacia adelante ni hacia atrás. Deberá mantenerse erguido y centrar la atención en el interior. Los hombros deberán estar relajados, en su posición natural, y la cabeza no deberá inclinarse ni hacia adelante ni hacia atrás, ni hacia un lado ni hacia el otro. La nariz se encontrará alineada con el ombligo, los dientes y los labios deberán permanecer en su posición natural, con la lengua tocando el cielo del paladar. La respiración deberá ser suave, calmada y silenciosa; así, sin esfuerzo ni irregularidades, el yogui inspirará y espirará con naturalidad, lenta e imperceptiblemente.

Los meditantes deben dedicar una atención especial a la manera de respirar. La respiración deberá ser libre, sin ruidos ni tensiones. Una respiración violenta es perjudicial. Respirad suave y profundamente. Inspirad y espirad con calma y sin irregularidades.

NOTAS

1. El *Ajatashatrukaukrttiyavinodanasutra*, texto consagrado a Ajatashatru, un príncipe que, bajo la maligna influencia de Devadatta (el primo y enemigo del Buda), encerró en prisión a su padre, el rey Bimbisara, y lo dejó morir de hambre. Cuando nació su propio hijo, fue presa de remordimientos y, tras haber intentado el sucidio, encontró al Buda, quien le aseguró que su arrepentimiento le llevaría al cese de sus actos negativos sin que, sin embargo, eso bastara para borrar las consecuencias de su acto criminal. Ajatashatru se convirtió desde entonces en el fiel sostén de la comunidad del Buda.

2. Sánscr.: *pratimokṣasaṃvara*; tib.: *so-so thar-pa'i sdom*, los votos del Vinaya que comprenden los votos de los laicos y de los monjes y monjas novicios y plenamente ordenados.

3. Sánscr.: *bodhisattvasaṃvara*; tib.: *byang-chub sems-dpa'i sdom*, los votos que corresponden al compromiso del bodhisattva del Mahayana.

4. Sánscr.: *upāsakasaṃvara*; tib.: *dge-bsnyen gyi sdom*, los votos de laicos (y laicas), que comprenden cinco preceptos (no matar, no robar, no cometer adulterio, no mentir, no tomar intoxicantes).

5. Sánscr.: *nirtārtha*; tib.: *nges-don*, de sentido seguro, es decir, literal.

6. Sánscr.: *neyārtha*; tib.: *drang-don*, de sentido provisional, sujeto a interpretación.

7. Los *Prajnaparamitasutra*.

8. Se trata de las tres naturalezas o tres características de los fenómenos (sánscr.: *trilakṣaṇa, trisvabhāva*; tib.: *mtshan-nyid gsum*), expuestos en los sutra de la tercera vuelta de rueda, como el *Samdhinirmocanasutra*, y desarrollados en la escuela filosófica de la mente única (chittamatra): 1) la naturaleza imputada o enteramente imaginaria (*parikalpita*), simple imaginación conceptual sobreimpuesta al fenómeno, que le atribuye una existencia real según su apariencia; 2) la naturaleza dependiente (*paratantra*), que comprende todos los fenómenos compuestos dotados de eficiencia y dependientes de causas y de condiciones; 3) la naturaleza perfectamente establecida (*parinispanna*), que es la ausencia total de naturaleza imaginaria en la naturaleza dependiente.

9. El *Tathagatagarbhasutra*.

10. El *Lankavatarasutra* (tib.: *Langka'i gshegs-pa'i mdo*).

11. Los *Madhyamakahrdayakarika*.

12. *Prajnaparamita*.

13. Se puede tratar de un «árbol de refugio», es decir, de la visualización de un árbol de loto donde están situados los maestros del linaje, los buda y bodhisattva, etc., así como los libros de las enseñanzas. Esta visualización sirve de soporte a las prácticas devotas y a las ofrendas.

14. El samayasattva, el ser soporte, es decir, tú mismo visualizado bajo la foma de la deidad yidam.

15. El jnanasattva, el ser de sabiduría trascendente al que invitas en los campos puros a fundirse en el samayasattva.

16. Un pequeño stupa, por ejemplo.

8

La práctica de la calma mental

La meditación de la calma mental deberá practicarse en primer lugar. La calma mental es el estado mental que nos libera de la distracción causada por los objetos externos y nos conduce espontánea y continuamente hacia el objeto de meditación, con felicidad y agilidad.

TRAS HABER REALIZADO correctamente las prácticas preliminares deberéis introduciros en la meditación propiamente dicha, que comprende la calma mental y la visión superior. ¿Qué es la meditación de la calma mental? Se trata del estado mental que de un modo natural dirige nuestra atención al objeto de meditación, mitigando las distracciones provocadas por los objetos exteriores.

Además, como está libre de cualquier pesadez mental y de cualquier excitación, esta meditación elimina gradualmente los defectos del cuerpo y de la mente. «Con felicidad y agilidad» alude a las cualidades físicas y mentales que un meditante desarrolla. En el proceso de meditación, la agilidad mental se desarrolla en primer lugar, seguida de la del cuerpo. Es interesante el hecho de que la felicidad física se engendra a continuación, seguida de la mental. Cuando la mente se une a la felicidad, estamos ante la meditación de la calma mental.

¿Qué es la visión superior?

Se llama visión superior a lo que, partiendo de un estado de calma mental, examina con cuidado la esencia. El Sutra de las nubes de joyas[1] dice: «*La meditación de la calma mental es una mente concentrada en un punto; la visión superior permite hacer análisis exactos de lo último*».

Una vez que el meditante ha desarrollado la capacidad de introducirse en la meditación de la calma mental, no coloca su mente sobre el objeto concentrándola en ese único punto, sino que comienza a examinarlo. Aquí, el objeto de la meditación es ante todo la verdad última, pero los fenómenos convencionales no están excluidos por ello. La concentración que desarrolla la felicidad psíquica y mental por la fuerza del análisis del objeto es la visión superior. Más tarde se alcanza la unión de la calma mental y la visión superior.

No es el objeto de concentración lo que distingue a la calma mental de la visión superior. Las dos tienen por objeto las realidades relativas y últimas. Existe una meditación de la calma mental que se concentra en la realidad última y existe una visión superior que consiste en meditar sobre la realidad relativa. Por ejemplo, existe una meditación de la calma mental en la que la mente se concentra en un único punto, en el vacío. Y en la visión superior, también se puede meditar sobre fenómenos convencionales, tales como los aspectos primarios y sutiles de las vías meditativas.

Generalmente, la diferencia entre los dos tipos de meditación es la siguiente: la calma mental es una meditación de concentración[2] y la visión superior una meditación analítica.[3] El vehículo de las perfecciones[4] y las tres primeras clases de tantra[5] comparten esta noción, pero según los tantra más elevados,[6] la visión superior es una meditación de concentración. Se trata de un modo único de comprensión en cuyo contexto la visión opera plenamente como una concentración meditativa. Por el contrario, el gran sello o Mahamudra de la tradición kagyupa y la gran perfección o Dzogchen de la tradición nyingmapa no hablan a propósito de la visión superior más que como meditación analítica.

Y *según el* Sutra que revela el pensamiento:[7] «*Maitreya preguntó:*
»—*Oh, Buda ¿cómo [los practicantes] pueden adentrarse a fondo en la meditación de la calma mental y convertirse en expertos en la visión superior?*
»*El Buda respondió:*
»—*Maitreya, he impartido a los bodhisattva las enseñanzas siguientes: los sutra, las alabanzas melodiosas, las enseñanzas proféticas, las enseñanzas versificadas, las instrucciones especiales, las expresiones de realización, las leyendas, la historia de mis nacimientos, las enseñanzas desarrolladas, las enseñanzas maravillosas y las instrucciones de la doctrina establecida.*[8] *Los bodhisattva deberán escuchar cuidadosamente estas enseñanzas, recordar sus contenidos y adiestrarse en recitarlas y examinarlas a fondo intelectualmente. Con una perfecta comprensión, deberán ir a lugares retirados, reflexionar sobre las enseñanzas y continuar meditándolas. Deberán concentrarse únicamente y de manera continua en los temas que ya han examinado. Esto se llama el compromiso mental.*

En la meditación de la calma mental, concentráis uniformemente vuestra mente en los puntos esenciales y en los puntos que resumen la enseñanza. Las enseñanzas del Buda, descritas en doce categorías, están muy desarrolladas y cubren una gran amplitud de temas, tales como los agregados físicos y mentales,[9] los elementos,[10] las fuentes de percepción,[11] etc. En el marco de la meditación de la calma mental, no habéis de esforzaros en reflexionar, pero sí ceñiros al punto esencial sobre el que versa la enseñanza, bien se trate del vacío o bien de la no permanencia, y contemplar su naturaleza. Por el contrario, la meditación sobre la visión superior es analítica.

El meditante elabora su reflexión sobre la identidad, el origen y otras características de los objetos de meditación como pueden ser los agregados, los elementos, las fuentes de percepción, etc.

»*Cuando la mente se ha introducido así, de manera repetida, y se ha establecido una flexibilidad física y mental, estamos ante la calma mental. Así es como los bodhisattva buscan correctamente el estado donde la mente reposa calmadamente.*

Merced al proceso de meditación, el practicante comienza a manifestar una mente ágil. Esa etapa está precedida por una especie de pesadez mental que es el signo del abandono de los defectos de la mente. Tras haber desarrollado una mente ágil, llega la agilidad física. Es directamente lo contrario de los defectos físicos. Tiene como resultado el desarrollo de la felicidad física, de la que procede el desarrollo de la felicidad mental.

»*Cuando el bodhisattva ha obtenido la agilidad física y mental y se mantiene concentrado, elimina la distracción mental. El fenómeno que ha contemplado como objeto de concentración interior unificante debería entonces ser analizado y considerado como un reflejo. Este reflejo o imagen, objeto de la concentración unificada, debería ser objeto de un examen minucioso en tanto que objeto de conocimiento. Debería ser estudiado con detalle y examinado a fondo. Practicad la paciencia y encontrad placer en ella. Con la ayuda de un análisis adecuado, observadlo y comprendedlo. A esto se le llama visión superior. De esta forma los bodhisattva llegan a ser hábiles en los métodos de la visión superior.*

Es crucial engendrar una buena motivación. El practicante debería recrear esta actitud positiva durante todo el proceso. Pensad: «Voy a escuchar este texto sagrado del gran Kamalashila con el fin de alcanzar el despertar insuperable para el bien de todos los seres, cuyo número es tan vasto como el espacio». Es de suma importancia que aprehendamos la rareza y el carácter precioso de la vida humana. Sobre esta base es sobre la que podemos alcanzar nuestros objetivos, tanto temporales como últimos. La vida en tanto que ser humano libre y afortunado es una gran oportunidad y deberíamos sacar de ella las máximas ventajas. La raíz y el fundamento de la aprehensión del fin último del despertar reside en el desarrollo del pensamiento altruista, que a su vez tiene como fuente la compasión. El resto de prácticas complementarias, esenciales en este contexto, son las de la generosidad y otras acciones meritorias, y el adiestramiento en la concentración, es decir, la unión de la calma mental y la visión superior.

Antes de engendrar la compasión por los seres, el practicante debe pensar en los sufrimientos de la existencia cíclica en general, y en particular en los sufrimientos de los diferentes destinos en el seno del ciclo de las existencias. Gracias al proceso contemplativo, el practicante llega a sentir el carácter insoportable de los tormentos del ciclo de las existencias, lo que naturalmente le lleva a preguntarse por los medios para abandonarlos. ¿Hay alguna ocasión para que podamos liberarnos completamente del sufrimiento? ¿Cuáles son los medios que necesitamos aplicar para alejar el sufrimiento? Si os comprometéis sinceramente con estas preguntas y examináis bien la cuestión, os daréis cuenta de cuál es la causa que provoca el sufrimiento. La fuente del sufrimiento es la suciedad mental que surge de las acciones y las emociones perturbadoras. Es de naturaleza temporal y la mente puede deshacerse de ella completamente. El practicante llega a comprender que la noble verdad del cese puede ser alcanzada mitigando o eliminando los sufrimientos y sus causas y, como corolario, que el individuo desarrolla la renuncia al desear liberarse del sufrimiento y de sus causas. Y cuando también deseáis que los demás seres lleguen a liberarse del sufri-

113

miento y de sus causas, dais un paso importante hacia el desarrollo de la compasión.

Para empezar, el practicante debería ejercitarse en las etapas de la vida ordinaria, y después integrar allí gradualmente las etapas de la vía mayor. Es una manera sensata y justa de concretar un recorrido mental.

Una vez que hayáis llevado a cabo las prácticas preparatorias, emprended el adiestramiento en los dos tipos de espíritu del despertar, el convencional y el último. Al desarrollar el espíritu del despertar convencional, un practicante entra en las actividades de un bodhisattva, las cuales comprenden las seis perfecciones. La meditación sobre el espíritu del despertar último se hace al engendrar una sabiduría trascendente que aprehende directamente el vacío. Dicha sabiduría resulta de una estabilización meditativa, que es la unión de la calma mental y de la visión superior. En otras palabras, mientras os concentráis en un único punto, podéis simultáneamente analizar la naturaleza del vacío. Pero, antes de cualquier cosa, el practicante debe reunir las condiciones previas y las demás condiciones que favorecen la meditación sobre la calma mental.

Los yoguis que buscan la manifestación de una mente que reposa en calma deberían ante todo concentrarse estrictamente en el hecho de que las doce colecciones de escrituras —los sutra, las alabanzas melodiosas y el resto de las escrituras— se resumen en lo que lleva, ha llevado y llevará a la esencia.

En un último análisis, las enseñanzas del Buda están directa o indirectamente unidas a la esencia. Los textos que tratan abiertamente de la no permanencia, del sufrimiento y de todo lo demás, tratan a fin de cuentas de la esencia, ya que, bien sea exponiendo la elemental inexistencia del ser o bien la no dualidad del sujeto y el objeto, conducen directamente al sutil vacío que el Buda enseñó sin rodeos durante la segunda vuelta de la rueda del Dharma.

Una de las maneras de proceder a esta meditación consiste en fijar estrictamente la mente sobre los agregados físicos y mentales, objeto que incluye el conjunto de los fenómenos.[12] Otra manera consiste en fijar la mente sobre una representación del Buda. El Sutra rey del recogimiento meditativo[13] *dice:*

> Con un cuerpo de resplandor dorado
> el señor del universo es de una extrema belleza.
> Del bodhisattva que fija su mente en este objeto
> se dice que está en la absorción meditativa.

Existe una gran variedad de objetos para la meditación de la calma mental. El sistema tántrico es el único que utiliza una deidad de meditación o una sílaba germen como objeto. Aquí, como se trata de una enseñanza del sistema de los sutra, se utiliza una representación del Buda como objeto. La estabilización meditativa es una práctica común tanto a los budistas como a los no budistas. Por lo tanto, es aconsejable a los budistas escoger la imagen de un buda como objeto de meditación. De esta manera se recogerá un buen número de beneficios aferentes, tales como la acumulación de méritos y el recuerdo del Buda. Visualizad la imagen del Buda sentado sobre un trono de joyas preciosas. Debería encontrarse aproximadamente a una distancia equivalente a la longitud de vuestro cuerpo, permaneciendo en el espacio delante de vosotros, al nivel de vuestra frente. Deberíais imaginar que la imagen es a la vez corpórea y resplandeciente.

El practicante inteligente busca la concentración dotándose, en primer lugar, de una comprensión justa de la visión. Una persona así se concentra sobre el vacío como objeto de meditación y se propone como objetivo alcanzar la calma mental de esa manera, lo que es verdaderamente difícil. Los demás utilizan la misma mente como objeto en su búsqueda de la calma mental. De hecho, el meditante se concentra en la claridad y la conciencia clara, lo que es una manera de que la mente se concentre en sí misma. Tampoco es una tarea fácil. Para empezar, el practicante necesita identificar la conciencia clara como una experiencia efectiva. La mente se concentra entonces en ese sentimiento con ayuda de la atención. La mente es misteriosa y reviste miríadas de aspectos. No se la puede identificar a la manera de los objetos exteriores: no tiene ni figura, ni forma, ni color. La simple conciencia clara es de la naturaleza de la experiencia y el sentido. Es algo que se parece al agua coloreada: aunque el agua no sea de la misma naturaleza que el color, en tanto que están mezclados, su verdadero color no es evidente. De la misma manera, la mente no tiene la naturaleza de los objetos exteriores, como una forma física, etc., sin embargo, está tan habituada a seguir las cinco conciencias de los sentidos que ha llegado a ser prácticamente indistinta de la forma física, la figura, el color, etc., que percibe.

En ese contexto, el modo de meditación consiste en hacer cesar deliberadamente todo tipo de pensamientos y de percepciones. Comenzáis impidiendo que la mente tenga conciencia de los sentidos. La etapa siguiente debería consistir en conseguir que la mente deje de reflexionar sobre las experiencias de los sentidos y los sentimientos de alegría y tristeza. Concentrad la mente en su estado presente y natural sin permitirle que se preocupe de la memoria del pasado ni que se proyecte en el futuro. A través de tal proceso, el verdadero «color» de la mente, por así decirlo, va apareciéndose gradualmente al practicante. Una vez que la mente está libre de todo tipo de pensamientos y de conceptos, aparece repentinamente una especie de vacío. Si el meditante intenta acostumbrarse a este vacío, la claridad de conciencia va a hacerse naturalmente más evidente.

A lo largo del proceso de la práctica de la calma mental, deberíamos ser plenamente conscientes de los cinco defectos y los ocho antídotos. Los cinco defectos son la pereza, el olvido del objeto de meditación, la pesadez mental y la agitación, la omisión de los antídotos cuando se está afectado por la pesadez o la agitación y la aplicación inútil de los antídotos. Permitidme señalar cuáles son los ocho antídotos: la fe, el interés, la perseverancia, la agilidad, la atención o evocación, el rigor, la aplicación de los antídotos cuando se está afligido por la pesadez o la agitación y el cese en la aplicación de los antídotos cuando no son necesarios. La fe se refiere al placer y la alegría que proporciona la práctica de la concentración y nace del aprecio de sus beneficios. Conduce naturalmente al interés por la práctica y nos ayuda a reforzar la perseverancia. Los cuatro primeros antídotos —la fe, el interés, la perseverancia y la agilidad— contrapesan a la pereza, y el quinto antídoto, la atención, al olvido del objeto de meditación. El rigor o seriedad, el sexto antídoto, se opone a la pesadez y a la agitación. Cuando la mente adolece de torpeza, se debería hacer un esfuerzo para despertarla y levantarla. La agitación debería contrarrestarse devolviendo la calma a la mente agitada. El meditante gana en estabilidad mental con una práctica prolongada y se eleva franqueando las etapas de la concentración. En el octavo y el noveno estadios, la mente se halla en una profunda concentración. En ese momento, la aplicación de los antídotos no es más que una distracción, así que se debería evitar.

Fijad de esta manera la mente sobre el objeto de vuestra elección y cuando lo hayáis hecho, no ceséis en vuestro cometido. Habiendo fijado así la mente, examinadla y comprobad si está correctamente concentrada sobre el objeto. Verificad también [que no haya] torpeza y observad si se distrae con objetos exteriores.

Para desarrollar la meditación de la calma mental, el practicante tiene la entera libertad de escoger el objeto de meditación que le parezca apropiado y confortable. Debería entonces concentrar su mente sobre el objeto, sin que los objetos exteriores le distraigan y sin dejarse hundir en la torpeza. Debería intentar llegar a la concentración unificada[14] sumada a la claridad más viva.

La pesadez se produce cuando la mente está dominada por la pereza y carece de vivacidad. Incluso en la vida cotidiana solemos decir que tenemos la mente «obnubilada» o «dormida». Cuando la torpeza está presente, el meditante no se mantiene firmemente sobre el objeto y su meditación no resulta eficaz.

Si sentís que la somnolencia o la torpeza mental sobrecarga vuestra mente, o si teméis que esta pesadez se manifieste, deberíais dirigir vuestra atención a un objeto sumamente agradable, como una representación del Buda o la idea de la luz. Una vez se haya disipado la torpeza por este procedimiento, la mente debería esforzarse por ver el objeto muy claramente.

La torpeza mental y la pesadez están ligadas por una relación de causa-efecto. Cuando un estado brumoso invade a un practicante, la mente y el cuerpo se sienten pesados. El practicante pierde su claridad y la mente se hace ineficaz e improductiva. La torpeza es una forma de desaliento, y para contrarrestarla hay que emplear técnicas que ayuden a elevar el ánimo. Entre los métodos más eficaces está el que consiste en pensar en objetos alegres, como las maravillosas cualidades de un buda, o en pensar en la rareza de la preciosa vida humana y en las posibilidades que nos ofrece. Deberíais inspiraros en estos pensamientos para introduciros en una meditación fructífera.

En el desarrollo de la calma mental, el otro gran obstáculo es la agitación mental. Se produce cuando la mente está en un estado de excitación, cuando persigue los objetos de sus deseos y recuerda sus experiencias pasadas de alegría y dicha. Las formas más primarias de la agitación mental harán que la mente olvide completamente el objeto de su concentración. La solución a estos problemas consiste en meditar sobre la no permanencia, el sufrimiento, y así sucesivamente, lo que ayudará a que la mente se calme.

Deberíais apercibiros de que la pesadez está presente cuando la mente no puede ver claramente su objeto, cuando os sentís como ciegos o como si estuvierais en un lugar oscuro o con los ojos cerrados. Si mientras meditáis vuestra mente se fija en las características de objetos exteriores, como su forma, o bien dedica su atención a otros fenómenos, o se distrae por el deseo de un objeto ya experimentado, o incluso si sospecháis que va a caer en la distracción, reflexionad sobre el hecho de que todos los fenómenos compuestos son no permanentes. Pensad en el sufrimiento o en cualquier otro tema susceptible de calmar vuestra mente.

Si tomáis en consideración los defectos de una distracción mental incesante, o cualquier otra cosa capaz de desalentar a la mente, conseguiréis reducir la agitación mental. Se dice que hay agitación cuando la mente olvida el objeto de su meditación y se deja distraer por el recuerdo de experiencias pasadas, en particular las ligadas a objetos a los que estamos apegados. Cuando olvida completamente el objeto de su meditación para dejarse distraer por los objetos exteriores que le rodean, hablamos de agitación primaria. Si no hemos perdido por completo el objeto de la meditación aunque una parte de la mente se entretiene con un objeto de nuestro apego, se trata de una agitación sutil. La agitación se manifiesta cuando la mente está sobreexcitada. Cuando está demasiado exaltada y excesivamente activa, la mente se distrae con facilidad. El antídoto consiste en reducir la petulancia de la mente, lo que se puede conseguir moderando su ardor. Para conseguirlo, es muy útil meditar sobre los objetos que reducen la obsesión y el apego respecto a los objetos exteriores e interiores. Y en esa situación, la meditación sobre la no permanencia, el sufrimiento y cualquier otro tema parecido es una vez más muy útil.

El antídoto para la torpeza y la agitación os viene dado por la introspección. La introspección tiene como función el permitir observar si la mente reposa firmemente sobre el objeto de meditación o no. La atención tiene como función mantener la mente sobre su objeto, lo que, una vez conseguido, permite a la introspección mental verificar si la mente continúa o no sobre el objeto. Cuanto más fuerte sea vuestra atención, más fuerte será vuestra introspección mental. Por ejemplo, si os acordáis constantemente de que «no es bueno hacer eso», que «eso no ayuda», etc., estáis manteniendo la introspección. Es importante que os preocupéis por vuestros aspectos negativos en la vida cotidiana, y deberíais estar alerta cuando se manifiesten. Por lo tanto, uno de los rasgos y una de las funciones propias de la introspección consiste en evaluar la condición de vuestra mente y vuestro cuerpo y juzgar si la mente permanece firmemente sobre su objeto o no.

Paralelamente, es importante recordar que, si estáis demasiado deprimidos, vuestra mente estará pesada. Cuando la pesadez mental amenace, deberíais esforzaros en levantaros la moral. El hecho de que estéis abatidos o sobreexcitados depende mucho de vuestra salud, vuestra dieta, el momento del día, etc. Vosotros sois el mejor juez en cuanto al mejor momento para frenar vuestra exaltación o levantar la moral.

Este proceso debería permitir eliminar la distracción, y con la ayuda de la cuerda de la atención y la vigilancia deberíais atar la mente al árbol del objeto meditativo. Cuando sintáis que la mente se ha desprendido de la torpeza y de la agitación y que permanece natu-

*ralmente sobre el objeto, podréis atenuar vuestros esfuerzos y man-
teneros neutros mientras permanezca así.*

Al principio, la mente no presta la suficiente atención al objeto
de meditación, pero después de una práctica prolongada, con el desarrollo de los antídotos para la torpeza y la agitación mentales, los
más primarios de estos obstáculos pierden fuerza, mientras que los más
sutiles se hacen más aparentes. Si persistís en la práctica y aumen-
táis la fuerza de vuestra atención y vuestra vigilancia, llegará un
momento en el que incluso los más sutiles de esos obstáculos no os-
curecerán ya vuestra meditación. El hecho de engendrar la fuerte
voluntad de comprometerse en una meditación correcta y liberada
de todos los obstáculos puede tener un efecto muy favorable. Finalmente, seréis capaces de permanecer sentados sin esfuerzo durante
una sesión de una hora o más.

Acceder a la concentración unificada no es tarea fácil. Se requiere
adquirir resistencia para practicar durante mucho tiempo. Merced a
una práctica continua podréis ir eliminando poco a poco los defectos
adheridos al cuerpo y a la mente. En este contexto se entiende por
defectos los estados de torpeza y pesadez de cuerpo y espíritu que los
convierten en ineptos e inútiles para la meditación. Estos defectos
son completamente eliminados cuando el meditante desarrolla las
nueve etapas de la calma mental.[15] El practicante acaba por desarrollar una agilidad mental a la que seguirá la agilidad física.

*Deberíais comprender que la calma mental se hace realidad
cuando disfrutáis de la agilidad física y mental debida a una larga
costumbre de meditación, y cuando la mente ha alcanzado el poder
de mantenerse sobre el objeto que elige.*

La meditación de la calma mental es una práctica común a budistas y no budistas. Así pues, en lo que concierne a su identidad, no

hay nada profundo o especial que añadir. Sin embargo, cuando investigáis sobre la naturaleza de un objeto, no importa que sea convencional o último, la meditación de la calma mental es muy importante. Su principal objetivo es el desarrollo de la concentración en un solo punto. Ya sea orando o realizando prácticas tántricas, tropezamos con la cuestión de su eficacia. La principal razón es la falta de concentración. También deberíamos desarrollar una mente capaz de mantenerse unificada sobre un objeto de atención. En las etapas iniciales, incluso si somos incapaces de desarrollar una mente en absoluto reposo, es crucial cultivar cierta estabilidad mental mientras practicamos las seis perfecciones, el ideal altruista, etc. La práctica de la meditación de la calma mental tiene como objetivo final la actualización de la visión superior.

NOTAS

1. El *Ratnameghasutra*
2. Tib.: *'jog-sgom*, meditación de acceso o de concentración.
3. Tib.: *dpyad-sgom*, meditación analítica o investigadora.
4. Sánscr.: *pāramitāyāna*; tib.: *pha-rol-tu phyin-pa'i theg-pa*, es decir, el Mahayana del gran vehículo.
5. Kriyatantra, Caryatantra y Yogatantra.
6. Anuttarayogatantra.
7. cf. *Samdhinirmocanasutra*, capítulo VIII, «Las preguntas de Maitreya».
8. Se trata de las doce categorías de las enseñanzas del Buda (sánscr.: *dvadaśadharmapravacana*): 1) los sutra (tib.: *mdo*); 2) los geya, cantos semiversificados (tib.: *dbyangs-bsnyed*); 3) vyakarana, los textos proféticos (tib.: *lung-bstan*); 4) gatha, las estancias versificadas (tib.: *tshigs-bcad*); 5) udana, textos biográficos de los buda (tib.: *ched-du brjod-pa*); 6) nidana, textos introductorios (tib.: *gleng-gzhi*); 7) avadana, parábolas e historias biográficas de aprehensión mental (tib.: *rtogs-brjod*); 8) itivrttaka,

aventuras históricolegendarias (tib.: *de-ltar byung-ba*); 9) jataka, historias de las vidas pasadas del Buda (tib.: *skyes-rab*); 10) vaipulya, grandes enseñanzas muy detalladas (tib.: *shin-tu rgyas-pa*); 11) adibhutadharma, enseñanzas maravillosas (tib.: *rmad-du byung-ba*) y 12) upadesa, instrucciones prácticas y detalladas (tib.: *gtan-la phab*).

9. Los cinco agregados (sánscr.: *pañcaskandha*; tib.: *phung-po lnga*): forma, sensaciones, percepciones, formaciones kármicas, conciencia.

10. Los dieciocho dhatu (tib.: *khams bco-brgyad*): seis objetos de los sentidos, seis órganos de los sentidos, seis conciencias de los sentidos.

11. Los doce ayatana, fuentes o esferas psicosensoriales (tib.: *skyed-mched*): seis fuentes externas (objetos de los sentidos) y seis fuentes internas (órganos de los sentidos).

12. Los cinco agregados incluyen el conjunto de los fenómenos condicionados. El agregado de la forma designa no sólo al cuerpo físico de los individuos, sino también al conjunto de los fenómenos físicos del mundo exterior tales como los cuatro grandes elementos, las formas, las figuras, los colores, los olores, los sonidos, etc. Los otros cuatro agregados (sensaciones, percepciones, formaciones kármicas y conciencia) describen el conjunto de los fenómenos mentales posibles de los seres animados que habitan el universo.

13. El *Samadhirajasutra*.

14. Sánscr.: *ekāgratā*; tib.: *rtse-gcig*, literalmente, «concentración en un solo punto», es decir, concentración unificante, después completamente unificada a su objeto.

15. Dejar reposar la mente, estabilizar la mente correctamente, reestabilizar continuamente la mente, estabilizar estrictamente la mente, domar la mente, apaciguar la mente, apaciguar completamente la mente, acceder a la concentración unificante, reposar en la equidad.

9

Actualizar la visión superior

E L TEXTO NOS HABLA del compromiso en la práctica de las seis perfecciones tal como las cultiva un bodhisattva. En ese marco, el objetivo de la meditación de la calma mental es llegar a cultivar una visión superior trascendente. Por lo tanto, tras haber cultivado la calma mental, deberíamos esforzarnos en cultivar la visión superior.

Tras haber dominado la calma mental, meditad sobre la visión superior, pensando como sigue: «Todas las enseñanzas del Buda son perfectas y revelan directa o indirectamente la esencia, llevando hacia ella con la mayor claridad. Si comprendo la esencia, estaré liberado de las trampas de las falsas visiones, lo mismo que las tinieblas se disipan cuando aparece la luz. Una simple meditación de la calma mental no tiene el poder ni de purificar la conciencia clara primordial ni de eliminar las tinieblas de la oscuridad. Si medito correctamente con ayuda de la sabiduría sobre la esencia, la conciencia clara primordial quedará purificada. Solamente con la sabiduría podré aprehender la esencia. Solamente la sabiduría me permitirá erradicar la oscuridad. Por lo tanto, emprendiendo la meditación de la calma mental, investigaré la esencia con sabiduría y no me contentaré solamente con la calma mental».

El pensamiento altruista que aspira al despertar más alto está engendrado sobre la base de la compasión. Cuando ha establecido firmemente esta motivación altruista, el practicante emprende actividades virtuosas, tales como la meditación de la calma mental o la de la visión superior.

Ahora discutiremos sobre la visión superior. Para poder meditar sobre la visión superior que permite aprehender la realidad última, necesitamos desarrollar la sabiduría que comprende la inexistencia del ser. Antes de poder hacerlo, debemos buscar el ser que no existe e identificarlo. No nos puede satisfacer el simple hecho de creer que no existe. Debemos adquirir la profunda certidumbre de que ese «ser» no tiene ningún fundamento. Es posible asegurarse de ello por medio de la percepción directa o por medio del razonamiento,[1] como hacemos con cualquier otro fenómeno, sea profano o religioso. Si un objeto es tangible no tenemos que demostrar su existencia, ya que podemos verlo y tocarlo. Pero en lo que atañe a los fenómenos ocultos, sólo el recurso a la lógica y a las etapas del razonamiento puede permitirnos determinar su existencia.

La inexistencia del ser es de dos tipos: la inexistencia del ser de la persona y la de los fenómenos.[2] Asimismo, la negación del ser es de dos tipos: el ser de las personas y el ser (o substancialidad) de los fenómenos. Una persona se define en función de sus agregados mentales y físicos. Sin embargo, el ser o la persona aparece en la percepción ordinaria como el administrador del cuerpo y de la mente. La persona parece poseer una entidad autónoma o un ser que no depende ni de los agregados mentales o físicos, ni de su continuidad, ni de algunas de sus partes. Esta noción de persona independiente a la que habitualmente nos aferramos con fuerza representa el ser de la persona que queremos identificar. Se trata del ser que hay que negar. Gracias a una trayectoria intelectual, el practicante puede comprender que ese ser no existe. Llegado a ese punto, se desarrolla en él la sabiduría que aprehende la inexistencia del ser de las personas.

La insubstancialidad de los fenómenos hace referencia a la no existencia real de los objetos percibidos y a la no existencia real de la mente que los percibe. Los objetos percibidos son de la misma naturaleza que la mente que los percibe, aunque normalmente parecen existir exteriormente. El hecho de captar esa existencia exterior constituye la base del desarrollo del apego y la aversión. Por el contrario, cuando vemos la realidad percibiendo que los objetos están despojados de existencia exterior y que proceden simplemente de la naturaleza de la mente que los percibe, la fuerza del deseo y la de la animosidad decrecen con naturalidad. La ausencia de existencia externa del objeto percibido y la ausencia de diferencia de entidad o de substancia entre el que percibe y el objeto percibido constituyen el nivel más primario de la inexistencia del ser de los fenómenos.

La mente que percibe también está despojada de existencia real. Cuando decimos que las cosas están despojadas de existencia real, queremos decir que las cosas existen bajo la influencia de la mente a la que se aparecen y que los objetos no pueden tener una existencia independiente o sustancial de por sí. A través de nuestra mente engañada, las cosas parecen existir por su cuenta y nos apropiamos de esa apariencia, pero, en realidad, las cosas están vacías de tal existencia. Ése es el vacío sutil según esta escuela.[3] Al invalidar la aparente existencia real de las cosas, desarrollamos el sentimiento de su naturaleza ilusoria. Al comprender que en realidad las cosas son semejantes a una ilusión, se contrarresta el desarrollo de las emociones negativas, que son el apego y la aversión.

Aquí, el autor explica muy claramente que todas las enseñanzas del Buda están concebidas, en definitiva, para guiar a los practicantes hacia la aprehensión del estado del despertar. En esta búsqueda es crucial comprender la esencia. El mismo Buda alcanzó el despertar al comprender el sentido de la realidad última. Existen innumerables puntos de vista filosóficos, pero, si seguimos los correctos, podemos progresar en el camino espiritual y penetrar en el sentido de la verdad última. Por el contrario, seguir visiones incorrectas lleva a callejones sin salida y a consecuencias desagradables. Los practicantes que penetran intelectualmente en la visión de la esencia pueden erradicar definitivamente todas sus opiniones falsas.

¿Qué es la esencia? Es la naturaleza de todos los fenómenos que consiste en permanecer en lo último vacíos del ser de la persona y del ser de los fenómenos. Se aprehende gracias a la perfección de la sabiduría, no de otra manera. Se lee en el Sutra *que revela el pensamiento:*

«—Oh, Tathagata, ¿por medio de qué perfección comprenden los bodhisattva la ausencia de identidad de los fenómenos?

»—Avalokiteshvara, se comprende por medio de la perfección de la sabiduría.

Por lo tanto, meditad sobre la sabiduría cuando entréis en la calma mental.

La esencia significa la inexistencia del ser de las personas y de los fenómenos y, más específicamente, la insubstancialidad de los fenómenos. Cuando lo exponen con detalle, los eruditos presentan diferentes interpretaciones. Según este texto, la inexistencia del ser de los fenómenos se presenta como algo más sutil que la inexistencia del ser de las personas. La persona se define en función de los agregados mentales y físicos. Cuando hablamos de la inexistencia del ser de la persona nos referimos a una persona autónoma que existe por sí misma, sin depender de los agregados. Tal persona no existe ni siquiera al nivel convencional y en consecuencia está desligada de toda identidad, que es lo que se conoce como la inexistencia del ser de la persona.

El gran Kamalashila era un reputado estudiante del ilustre Shantarakshita y pertenecía como él a la escuela de pensamiento Yogacara madhyamika suatantrika. Esta escuela sostiene la existencia de dos niveles de inexistencia del ser de los fenómenos, el sutil y el primario. La no dualidad del sujeto y del objeto, o del que percibe y lo que es percibido, constituye el nivel primario de la esencia, mientras que la visión según la cual todos los fenómenos están vacíos de existencia real es el nivel sutil de la esencia. Entre todos los sutra que enseñó el Buda, los de la *Perfección de sabiduría*[4] tratan el tema en profundidad.

Es extremadamente importante examinar con minuciosidad las nociones de «yo», de la inexistencia del ser de las personas y de la insubstancialidad de los fenómenos. Cada uno de nosotros tiene un sentimiento innato y espontáneo del «yo». Ese sentimiento es el que experimenta la alegría y la tristeza, pero también el que las hace surgir. Diferentes escuelas de pensamiento han sostenido, desde los tiempos más remotos, visiones variadas sobre la manera en que el «yo» existe. Una de las antiguas escuelas filosóficas de la India concebía el ser o el «yo» como el usufructuario, mientras que lo mental y los agregados físicos serían los objetos usufructuados. El ser y los agregados son considerados como entidades distintas.

Según otros filósofos, el ser es permanente, singular y una entidad independiente. El ser es el que proviene de las vidas anteriores y pasa a la siguiente cuando los agregados físicos y mentales se disgregan en el momento de la muerte. Tengo la impresión de que otras religiones, como el cristianismo, mantienen la creencia en un ser permanente, singular e independiente. Lo que sobreentiendo es que tal ser no depende de sus agregados o no se apoya en ellos. Ninguna de las cuatro escuelas del budismo suscribe la creencia en semejante ser. Todas le niegan cualquier existencia substancial fuera de los agregados mentales y físicos.

Sin embargo, según la filosofía budista el ser debe existir. Si llegamos a la conclusión de que el ser no existe en absoluto, estaríamos en perfecta contradicción con la percepción de todos y cada uno de nosotros. Deberíamos examinar y analizar de qué manera puede existir el ser. A partir del análisis lógico, podemos determinar que el ser existe en dependencia de los agregados mentales y físicos. Las diferentes escuelas ofrecen diferentes niveles de interpretación de los agregados, pero se acepta generalmente que la percepción del ser se constituye a partir de la percepción de los agregados. En otras palabras: sólo se puede plantear la existencia de un ser en dependencia de los agregados.

¿Por qué hacer el esfuerzo de buscar el ser o el «yo» e investigar sobre la naturaleza de su existencia? A grandes rasgos, pensamos que puede dividirse a la gente en dos grupos: los que están a nuestro lado y los que están del otro lado. Estamos vinculados a los que están a nuestro lado y desarrollamos animosidad respecto a los que están del otro lado. Motivados de esta manera por el apego y la aversión, cometemos acciones negativas con el cuerpo, la palabra y la mente. En el origen de todos los pensamientos y las acciones malsanas e inconvenientes se agazapa el sentimiento del «yo» y del ser. La intensidad y el ámbito de nuestras acciones negativas depende de la fuerza con la que nos aferremos a esta concepción errónea del ser. Es importante resaltar que el apego al «yo» es innato y que, sin embargo, cuando buscamos e intentamos fijar el «yo», nos sentimos incapaces de encontrar un «yo» autónomo que ejerza el control sobre los agregados mentales y físicos.

A causa del error innato del «yo», tenemos una sucesión sin fin de deseos. Algunos de esos deseos son muy curiosos. Puede suceder que una persona ordinaria reconozca la belleza física o la inteligencia de otra y conciba el deseo de cambiar sus propias cualidades inferiores por aquéllas. El verdadero modo de existencia del ser es el que le infieren sus causas y otros factores. No intentamos negar el sentimiento de un ser o un «yo» en tanto que tal, pero deberíamos ser capaces de disminuir la fuerza o la intensidad del sentimiento de un «ser» autónomo e independiente.

Los yoguis deberían proceder en su análisis como sigue: no se puede constatar la presencia de una persona separada de sus agre-

gados mentales y físicos, de los elementos y de los poderes de los sentidos. Tampoco hay nadie cuya naturaleza sean los agregados, porque la esencia de los agregados y de los demás elementos es la multiplicidad y la no permanencia. Hay quien ha caracterizado a la persona como permanente y singular. La persona en tanto que fenómeno sólo puede existir como único o múltiple, ya que no hay ninguna otra manera de existir. Por lo tanto, debemos concluir que la afirmación mundana del «yo» y de lo «mío» es un completo error.

No hay ningún «ser» ni ninguna persona que existan independientemente de los agregados mentales y físicos. Es decir, que una persona existe en dependencia de los agregados, lo que se puede comprender muy bien observando las convenciones ordinarias. Cuando el cuerpo u otros agregados son jóvenes, decimos de la persona que es joven; cuando envejecen, decimos que la persona ha envejecido. Estas ideas convencionales corresponden a la idea de que la persona existe en dependencia de los agregados.

La meditación sobre la inexistencia del ser de los fenómenos debería también seguir esta línea: todos los fenómenos, por decirlo así, pueden ser incluidos en los cinco agregados, las doce fuentes de las percepciones y los dieciocho elementos.[5] Los aspectos físicos de los agregados, las fuentes de las percepciones y los elementos no son, en el sentido último, nada más que aspectos de la mente. Por eso, cuando se reducen a partículas sutiles y se examina la naturaleza individual de dichas partículas sutiles, no se puede encontrar ninguna naturaleza definida.

La palabra «fenómeno» se aplica aquí a cualquier cosa experimentada o utilizada por la persona, como los cinco agregados físicos y mentales, las doce fuentes sensoriales y los dieciocho elementos. Todos los objetos exteriores, como la forma física, etc., parecen tener una identidad distinta de la mente que los percibe, pero en realidad no es así. Si poseyeran una identidad distinta de la mente que los percibe, entonces, uno y otra, el fenómeno y la mente que lo percibe, serían por definición entidades sin relación alguna. Ahora bien, eso contradiría también la noción según la cual las cosas son enunciadas por la mente que las percibe. Si elementos como las formas físicas tuvieran una existencia externa, deberíamos ser capaces de encontrarlas después de haber extraído cada una de las piezas que componen la forma. Como no es ése el caso, podemos concluir que las cosas están desprovistas de existencia exterior, lo que implica también que el objeto percibido y la mente que percibe no existen en tanto que entidades separadas. Por lo tanto, los seguidores de esta escuela de pensamiento dicen que no hay ninguna existencia exterior separada que no sea de la misma naturaleza que la mente.

La gente corriente se equivoca sobre las formas físicas desde los tiempos sin principio, y por lo tanto las formas parecen estar separadas de la mente y serle ajenas, igual que las formas físicas que aparecen en los sueños. Al nivel último, las formas físicas y los demás fenómenos no son otra cosa que aspectos de la mente.

La esencia o vacío designa una ausencia de separación substancial entre la mente subjetiva y el objeto percibido por dicha mente. Es así porque cuando las cosas materiales son desmenuzadas en pequeñas partículas y se indaga la identidad de éstas, no puede ser delimitado ningún ser ni ninguna identidad. Esta visión del Chittamatra o escuela de la mente única es muy similar a las afirmaciones del Yogacara madhyamika suatantrika, aunque con algunas pequeñas diferencias, pero no es aceptada por las escuelas madhyamika más tardías.[6] Las líneas siguientes exponen el punto de vista del Madhyamika:

131

En el sentido último, la mente tampoco puede ser real. ¿Cómo la mente, que solamente aprehende la naturaleza engañosa de las formas físicas y otros fenómenos, y que aparece bajo los aspectos más variados, podría ser real? Las formas físicas y otros fenómenos son engañosos, pero la mente no existe separadamente de las formas físicas y todo lo demás, que son ilusorios, así que también ella es ilusoria. Las formas físicas y los demás fenómenos poseen aspectos variados y su identidad no es ni una ni múltiple. Pasa lo mismo con la mente, que no es diferente de ellas: su identidad tampoco es ni una ni múltiple. Por lo tanto, por su naturaleza, la mente es como una ilusión.

Incluso entre las escuelas de pensamiento budistas, la interpretación del sentido del vacío es variable. La interpretación de la escuela chittamatra no es aceptable desde el punto de vista de quienes preconizan la filosofía madhyamika. De igual manera, los partidarios de la escuela chittamatra tienen su propia lógica para refutar el punto de vista madhyamika. Necesitamos desarrollar una amplia perspectiva para llegar a ser capaces de tener una visión de conjunto de la filosofía, más que de sus fragmentos. Las visiones presentadas por las escuelas inferiores deberían ayudar directa o indirectamente al practicante a aprehender las visiones de las escuelas superiores. El pasaje precedente trata de la inexistencia del ser de los fenómenos tal como específicamente la presenta la escuela madhyamika. Según esta escuela, cada fenómeno es una mera ordenación construida por la mente. No es sólo la existencia exterior la que está desprovista de existencia real, sino también la mente que percibe las variadas categorías de los fenómenos engañosos. De este modo, el Madhyamika afirma que son todos los fenómenos, exteriores e interiores, los que están desprovistos de existencia real o no existen al nivel último. Cuando las cosas se aparecen a la mente, parecen existir verdaderamente, pero en realidad están desprovistas de identidad. Existe un abismo entre la manera en la que las cosas aparecen y su modo de existencia real. Dicho abismo es inaceptable desde el punto de vista de la naturaleza última de los fenómenos. Por lo tanto, todos los fenómenos están desprovistos de existencia real.

Analizad y comprobad que, al igual que la mente, los fenómenos son en su naturaleza semejantes a una ilusión. De esta manera, cuando se examina con precisión la identidad de la mente por medio de la sabiduría, se percibe que, al nivel último, no está ni en el interior ni en el exterior. No es percibida tampoco en ausencia de ambos. No se perciben ni la mente del pasado ni la del futuro ni siquiera la del presente. Cuando la mente nace, no viene de ninguna parte, y cuando cesa no va a ninguna parte, puesto que no es perceptible, es indemostrable y carece de realidad física. A la pregunta: «¿Cuál es la esencia que no puede ser percibida, es indemostrable y carece de realidad física?», la Pila de joyas responde: «Oh Kashyapa, cuando se investiga minuciosamente la mente, no se la puede encontrar. Lo que no se puede encontrar no puede ser percibido. Y lo que no es percibido no es ni pasado, ni futuro, ni presente». Con el uso de este análisis no se ve de manera última el comienzo de la mente, no se ve de manera última el fin de la mente y no se ve de manera última el centro de la mente.

Se trata de comprender que ninguno de los fenómenos tiene ni fin ni centro, del mismo modo que la mente no tiene ni fin ni centro. Al saber que la mente no tiene ni fin ni centro, no se percibe ninguna identidad de la mente. Lo que la mente aprehende en su totalidad, lo aprehende también como vacío. Al aprehenderlo, la verdadera identidad, es decir, el aspecto de la mente, no se percibe de manera última, a semejanza de la identidad de las formas físicas y demás. De este modo, cuando una persona, con ayuda de la sabiduría, no ve de forma última ninguna identidad en ningún fenómeno, no emprenderá más análisis para descubrir si las formas físicas son permanentes o transitorias, vacías o no vacías, puras e impuras, acontecidas o no acontecidas, existentes o no existentes. Lo mismo que no examinará las formas físicas, no examinará ni las sensaciones, ni las percepciones, ni los factores de composición, ni la conciencia. Cuando el objeto no existe, sus características tampoco, ¿cómo, pues, podrían examinarse?

Este pasaje trata de la realidad última. Afirma que en el sentido último no se puede encontrar el objeto de la designación. En este contexto, encontramos en el *Sutra del corazón*[7] frases como: «No hay ni formas aparentes, ni sonidos, ni olores, ni gustos, ni objetos táctiles». La mente tampoco puede encontrarse en sentido absoluto, ya que, en lo último, tales cosas no existen, no tiene ningún sentido que sean permanentes o no permanentes. En sentido último, todos los fenómenos, incluidos los cinco agregados, están desprovistos de verdadera existencia. De la misma manera, la esencia, que es un atributo de los fenómenos, también está desprovista de existencia verdadera. Éste es un punto importante. Incluso cuando comprendamos que fenómenos como las formas físicas y otros están desprovistos de existencia real, corremos el riesgo de pensar que la realidad última pueda tener una existencia real.

De este modo, cuando el practicante no aprehende con firmeza la esencia de una cosa como existente en el último nivel, tras haberla examinado con sabiduría, entra en una concentración unificada y no conceptual. Así es cómo se aprehende la ausencia de realidad de todos los fenómenos.

Este pasaje aborda la significación de lo que es aprehender la inexistencia del ser. La sabiduría que aprehende la inexistencia del ser debe cerciorarse de esa inexistencia del ser; no se trata simplemente de no incurrir en ningún tipo de error a propósito del ser.

Por ejemplo, la mente concibe cosas como las formas físicas de diferentes maneras. Una mente concebirá la forma física como una existencia real, otra la concebirá con los atributos de la existencia real, mientras que una tercera la concebirá despojada de los atributos de la existencia real y una cuarta no le asignará ningún atributo de la existencia real o de la existencia irreal. La sabiduría analítica debe discernir cuál de esos seres debe ser refutado. Una vez refutado, su contrario, la inexistencia del ser, se hará evidente.

Los que no meditan con sabiduría analizando con precisión la esencia de las cosas, sino que se contentan con meditar sobre la eliminación de la actividad mental, no pueden sustraerse a los pensamientos conceptuales. También se hallan ante la imposibilidad de aprehender la ausencia de identidad, ya que les falta la luz de la sabiduría. Si el fuego de la conciencia que conoce los fenómenos tal como son proviene del análisis individual de la esencia, entonces, del mismo modo que el fuego se produce frotando la madera, arderá la leña de los pensamientos conceptuales. Así habló el Buda.

Con el fin de comprender la verdadera naturaleza de las cosas, es vital para un practicante emplear su inteligencia y la sabiduría en el curso de su examen. Como dice claramente el autor, la simple eliminación de las actividades mentales no implica meditar sobre la esencia. Cuando un individuo está mentalmente inactivo puede que no tenga una concepción errónea sobre el ser, pero carece de discernimiento en cuanto a la inexistencia del ser. La sabiduría que aprehende la inexistencia del ser no brilla con luz propia, de manera que el individuo no está libre de cometer errores. Por lo tanto, necesitamos engendrar destellos de sabiduría que nos proporcionen la capacidad de aprehender la inexistencia del ser.

Las Nubes de joyas *dicen también:* «*Los que son capaces de discernir los errores entran en el yoga de la meditación sobre el vacío con el fin de desembarazarse de todas las elaboraciones conceptuales. Cuando estas personas, mediante su meditación repetida sobre el vacío, investigan escrupulosamente el objeto que entretiene y distrae la mente, así como la identidad de dicho objeto, aprehenden su vacío. Cuando examinen a su vez la misma mente, comprenderán que está vacía. Y cuando investiguen sistemáticamente la identidad de lo que es comprendido por esa mente también lo considerarán vacío. A través de semejante aprehensión se entra en el yoga sin signos*».[8] *Así es como sólo quienes han emprendido un análisis completo pueden abordar el yoga sin signos.*

Se ha explicado muy claramente que por la simple eliminación de la actividad mental, sin examinar la identidad de las cosas con ayuda de la sabiduría, no es posible comprometerse en una meditación no conceptual.[9] *La concentración se aplica después de que se haya analizado perfectamente y con sabiduría la verdadera identidad de cosas como las formas físicas y otras y no mediante la mera concentración en esas formas. La concentración tampoco se hace efectiva yendo a horcajadas entre este mundo y el del más allá, porque entonces las formas físicas y otros fenómenos no son percibidos. A eso se le llama concentración sin apoyo.*

[Este tipo de meditante] será un meditante de la sabiduría suprema, pues habiendo examinado con precisión la identidad de todas las cosas con ayuda de la sabiduría, no habrá percibido nada. Así lo dicen el Sutra del tesoro del espacio,[10] *el* Sutra de la joya de la corona[11] *y otros textos.*

Cuando se la escruta, se comprende que la mente que percibe está vacía y que los objetos de la mente también están vacíos de existencia real. Un practicante dotado de cierto conocimiento se introduce en lo que se llama el yoga sin signos. En el sentido último, todos los fenómenos designados, incluidos tanto los fenómenos de percepción como las formas físicas y la mente que percibe, están vacíos de identidad propia. Es importante recalcar que, con el fin de abordar la absorción no conceptual, es crucial haber procedido previamente a un análisis sistemático. Cuando se buscan los objetos de la designación conceptual por medio de la sabiduría, no se encuentra nada. Hay que apreciar en su justo valor el verdadero sentido de la comprensión de la inexistencia del ser. La simple ausencia de actividad mental no constituye en absoluto la comprensión de la inexistencia del ser. La simple ausencia de error sobre el ser no implica un conocimiento de la inexistencia del ser. La inexistencia del ser es captada por la sabiduría que descubre que, en el nivel último, ni la mente que percibe ni los objetos percibidos tienen una identidad propia. El practicante saca a la luz este conocimiento tras un examen y un análisis minuciosos y completos.

De esta manera, penetrando en la esencia de la inexistencia del ser de las personas y de los fenómenos, quedáis libres del concepto y del análisis, pues no hay nada que examinar a fondo ni que observar. Y libres ya de cualquier expresión, y con una absorción mental unificada, penetrad en la meditación automáticamente y sin esfuerzo. Meditad muy claramente sobre la esencia y reposad en su seno. Y, mientras permanecéis en esta meditación, la continuidad de la mente no debería estar sujeta a distracción. Cuando la mente está distraída por objetos exteriores a causa del apego o de otras razones, hay que detectarlo y mitigar rápidamente esa distracción, meditando sobre el aspecto insidioso de dichos objetos, para después encauzar la mente hacia la esencia.

Si la mente se revelara poco propensa a hacerlo, reflexionad sobre las ventajas de una concentración unificada y gustad del placer de meditar. Se podrá así amortiguar la falta de inclinación a contemplar los defectos de la distracción.

Si las funciones de la mente se oscurecieran, si ésta comenzara a atascarse o si corriera el riesgo de venirse abajo debido al agobio causado por la torpeza o el sueño, será preciso, como antes, esforzarse rápidamente por vencer tal pesadez concentrando la mente en temas de naturaleza gozosa. Después, habría que concentrarse muy estrictamente en la esencia del objeto. De vez en cuando, siempre que se observe que la mente está agitada o tentada de distraerse recordando los buenos momentos de antaño con sus risas y sus juegos, entonces, como en los casos precedentes, mitigad la distracción reflexionando sobre temas como la no permanencia, que os ayudarán a dominar la mente. Haced después un nuevo esfuerzo por concentrar la mente en la esencia, sin aplicarle más antídotos.

Estas líneas explican el método de meditación sobre la visión superior en relación con la realidad última. La mente que se concentra sobre el único punto de la esencia no ve nada más que el vacío tras el rechazo del objeto a refutar. Nada, salvo el vacío, se aparece a esa mente. La mente que está absorta en la inexistencia del ser descarta los fundamentos de todas las concepciones erróneas. Por consiguiente, se considera que está libre de conceptos y de análisis, es decir, se la considera una mente centrada en un único punto, más allá de cualquier expresión. Cuando la mente concentrada en un único punto medita sobre la esencia, se dice que está «absorta en la esencia» y «penetrando en la esencia». Cuando se ha adquirido la claridad gracias a la práctica prolongada, se podrá continuar meditando sin distracción, pero el mero hecho de ver la inexistencia del ser no basta, deberíais esforzaros también en mantener la progresión de vuestra comprensión. La meditación sobre la visión superior se desarrolla merced a la fuerza de la sabiduría analítica, y, gracias al poder de ese análisis, la felicidad mental y física se desarrollarán.

138

Como ya hemos dicho en el contexto de la meditación de la calma mental, el practicante debería ser consciente de las fuerzas aflictivas tales como la agitación y la pesadez mentales. En el curso del proceso de la meditación analítica, cuando perdéis la claridad del objeto, la mente se deja distraer por otros objetos. Cuando la agudeza o la intensidad se embotan, es que ha aparecido la torpeza. Cuando los obstáculos bloqueen vuestra meditación, deberéis aplicar los antídotos necesarios. Por eso Kamalashila dice sin rodeos que cuando la mente está distraída por objetos exteriores a causa del deseo, deberíais meditar sobre los aspectos insidiosos del objeto y sobre la no permanencia. Cuando, bajo la influencia de la torpeza o del sueño, la mente del practicante adolece de falta de claridad, éste debería meditar sobre objetos de naturaleza placentera, como una representación del Buda. Aplicando tales antídotos, las fuerzas aflictivas serán apaciguadas y vuestra meditación ganará en calidad.

Si, libre de cualquier postración y de cualquier agitación mental, la mente penetra espontáneamente en la meditación sobre la esencia, deberíais dejarla en su estado natural y relajar vuestros esfuerzos. Si se realiza un esfuerzo mientras la mente se encuentra en un estado de equilibrio meditativo, se distraerá. Pero si el esfuerzo no se realiza cuando la mente pesa, se comportará como un ciego a causa de una extrema inercia y no alcanzaréis la visión superior. Cuando la mente pese, haced un esfuerzo, y cuando estéis absortos [en la meditación], relajaos. Si, al meditar sobre la visión superior, se engendra una sabiduría excesiva y la calma empieza a debilitarse, la mente vacilará como una lámpara de aceite expuesta al viento y eso os impedirá percibir la esencia con claridad. En ese momento meditaréis sobre la calma mental. Y cuando la calma mental se torne excesiva, meditad sobre la sabiduría.

Aquí, el autor explica en términos claros y precisos que cuando el practicante puede concentrar la mente sobre la esencia y está libre de cualquier torpeza y cualquier agitación mental, debería, simplemente, proseguir la meditación. Después de haber efectuado el análisis por medio de la sabiduría que comprende la esencia, si podéis mantener vuestra mente en calma sobre la esencia, la meditación podrá seguir su curso natural. Cuando la meditación se halla libre de agitación y de torpeza mental, la aplicación de antídotos estará simplemente fuera de lugar y será inapropiada.

Hasta que logréis la visión superior de la esencia, es vital mantener un equilibrio entre la meditación analítica y la meditación de concentración. Gracias a la meditación analítica, obtendréis una comprensión de la inexistencia del ser. Una concentración unificada debería completar la fuerza de ese conocimiento. Demasiado análisis perjudica la concentración y una concentración excesiva aleja al meditante de la sabiduría analítica. La práctica es una mezcla armoniosa de los dos tipos de meditación. Poco a poco accederéis a la unión de la visión superior y de la meditación de la calma mental.

Notas

1. La percepción directa (sánscr.: *patryakṣa*; tib.: *mngom-sum*) y la inferencia (sánscr.: *anumāna*; tib.: *rjes-dpag*) son los dos únicos medios de cognición válida (sánscr.: *pramāṇa*; tib.: *tshad-ma*) según la lógica budista.

2. Es decir, la insubstancialidad, la ausencia de existencia en sí o vacío de los fenómenos.

3. La escuela Yogacara madhyamika suatantrika a la que pertenecían tanto Kamalashila como su maestro Shantarakshita.

4. Los *Prajnaparamitasutra*.

5. Véanse las notas 9, 10 y 11 del capítulo 8.

6. Su Santidad hace alusión al Madhyamika prasangika tal como fue

expuesto por Dje Tsongkhapa y por la escuela guelougpa a partir de finales del siglo XIV. Sin embargo, cierto número de autores nyingmapa, kagyupa e incluso sakyapa, aun reclamándose ellos mismos partidarios del Prasangika, no han negado esta presentación yogacara/chittamatra al nivel de la realidad convencional. De todas maneras, estos autores vienen a ser bien madhyamika, ya que proclaman tanto el vacío de la mente como el de los fenómenos, bien prasangika, ya que utilizan los razonamientos por reducción al absurdo para demostrar el vacío, y no los silogismos autónomos.

7. El *Prajnaparamitahrdayasutra*.

8. *Animittayoga*.

9. Se trata de una crítica de las tesis de Huashang Mahayana, el maestro subitista chino a quien Kamalashila se opuso en el debate de Samye. Más adelante este punto de vista será compartido por la mayor parte de los maestros tibetanos de las tradiciones kadampa, sakyapa y guelongpa. Sin embargo, algunos maestros nyingmapa y kagyupa, en el marco del Dzogchen y del Mahamudra, no condenaron de un modo tan categórico las tesis de Huashang al sostener una interpretación distinta de las tesis subitistas. El debate entre subitistas y gradualistas no sólo se dio en el Tíbet, sino que fue también muy intenso en China y en Corea.

10. *Gaganganjasutra*.

11. *Ratnachudasutra*.

10

Unir método y sabiduría

Cuando practiquéis las dos [meditaciones] de manera equilibrada, mantenedlas sin esfuerzo hasta que se manifieste una incomodidad física o mental. Si aparece una molestia física o mental, considerad el conjunto del mundo como una ilusión, un espejismo, un sueño, un reflejo de la luna en el agua o una aparición. Pensad entonces: «Si los seres sufren tanto en el ciclo de las existencias es porque no comprenden esta profunda sabiduría». Después desarrollad una gran compasión y el espíritu del despertar de la bodhichitta, pensando: «Me esforzaré sin descanso en ayudarles a comprender la esencia». Entonces, reposad un poco. Después, de nuevo y de la misma manera, entrad en una concentración unificada sobre la no apariencia de todos los fenómenos. Si la mente está abatida, reposad de nuevo. Tal es la vía para abordar la unión de la meditación de la calma mental y de la visión superior, en la que la concentración sobre la imagen tan pronto es conceptual como carente de conceptos.

AQUÍ, EL TEXTO EXPLICA cómo lograr la visión superior tras haber dominado la calma mental. A partir de ese momento, podéis entrar en la práctica de la unión de la visión superior y de la meditación de la calma mental. En otras palabras, penetráis en la práctica combinada de la meditación en un único punto y la meditación analítica. Durante la práctica de las meditaciones es prudente no entusiasmarse demasiado. Tendréis que estar atentos a vuestra salud mental y física. La sesión de meditación no debería ser demasiado larga. Antes de sentaros para meditar deberíais reunir todo lo que necesitéis para proteger vuestro cuerpo del calor o del frío. Cuando estéis fatigados por las largas sesiones de meditación, debéis reponeros de la meditación sobre un único punto y pensar que todos los fenómenos son como ilusiones o espejismos. También podéis pensar en la compasión por todos los seres sumidos en la confusión en el ciclo de las existencias. Pasando lista a sanos pensamientos, estimulaos para ayudar a los seres vivos con el fin de que se den cuenta de la naturaleza de la realidad.

Reposad de nuevo, y luego reemprended la práctica de la concentración sobre la no apariencia de todos los fenómenos, es decir, la meditación sobre la inexistencia del ser. Hacedlo así porque cuando meditáis concentrados en un único punto sobre la inexistencia del ser, los fenómenos convencionales dejan de aparecer en vuestra mente. Si vuestra mente se cansa a causa de la meditación, deberíais descansar de nuevo. Luego reemprended una vez más el curso de vuestra meditación que une visión superior y calma mental, lo que se llama también concentrarse en la reflexión de manera conceptual y no conceptual a la vez.

Durante su progresión, el yogui debería meditar sobre la esencia durante una hora o media sesión por la noche, o una sesión entera mientras se sienta cómodo. La estabilidad meditativa es lo que hace discernir completamente lo último, tal como enseña el Sutra del descenso a Lanka.[1] *Luego, si queréis dejar la concentración, pensad de este modo mientras vuestras piernas siguen cruzadas: «Aunque en lo último todos los fenómenos estén desprovistos de identidad, existen definitivamente en el nivel convencional. Si no fuera ése el caso, ¿cómo prevalecerían las relaciones de causa-efecto? También dijo el Buda:*

"Las cosas acontecen convencionalmente,
"pero en lo último están desprovistas de identidad propia.

»Los seres, con una actitud infantil, exageran la importancia de los fenómenos al pensar que tienen una identidad propia y, sin embargo, carecen de ella. El hecho de atribuir una existencia intrínseca a todas las cosas que están desprovistas de ella turba su mente y les hace ir errantes por el ciclo de las existencias durante largo tiempo. Por estas razones, me esforzaré sin flaquear en obtener el estado omnisciente, logrando las aprehensiones insuperables del mérito y la sabiduría, con el fin de ayudarles a aprehender la esencia.

Después, lentamente, descruzad las piernas y postraos ante el Buda y los bodhisattva de las diez direcciones. Hacedles ofrendas y cantadles alabanzas. Y efectuad largas plegarias recitando la Oración de la noble conducta y otras. Luego, merced a esfuerzos conscientes, llevad a buen término las acumulaciones de mérito y de sabiduría practicando la generosidad, y demás perfecciones que se sustentan en la esencia del vacío y en la gran compasión.

Una vez que hayáis emergido de la absorción meditativa, rezad las oraciones de invocación apropiada. El practicante debería también insistir sobre la generosidad y otras prácticas durante el período que sigue a la meditación. Durante ese tiempo, se debería comprender la interacción entre el acontecer interdependiente y el vacío. El vacío, en ese contexto, significa que las cosas están desprovistas de identidad propia. Lo que no quiere decir no existencia. Por lo tanto, no se debe caer en el nihilismo. Quien aprecia correctamente la visión de la vía media de la filosofía madhyamika elimina los dos extremos. Cuando comprendéis la filosofía del vacío, observáis que no hay contradicción alguna con la ley de las causas y los efectos en el nivel convencional. Antes al contrario, cuando vuestro conocimiento del vacío se torna más profundo, adquirís una gran certidumbre en cuanto a los resultados de la ley de las causas y los efectos. El vacío no significa la nada; significa que las cosas están vacías de existencia intrínseca. Durante el período posmeditación, el practicante debería acumular méritos, lo que constituirá un complemento en la práctica de la visión efectuada durante la meditación.

Si actuáis así, la estabilización de vuestra meditación desembocará en el vacío que presenta la mejor de todas las cualidades. El Sutra de la joya de la corona *dice: «Revestidos con la armadura del amor benévolo y persistiendo en la gran compasión, practicad la estabilidad meditativa que revela el vacío dotado de la mejor de todas las cualidades. ¿Qué es el vacío dotado de la mejor de todas las cualidades? Es aquel vacío que no está separado de la generosidad, de la ética, de la paciencia, del esfuerzo, de la estabilidad meditativa, de la sabiduría ni de los medios más idóneos». Los bodhisattva deben apoyarse en prácticas virtuosas como la generosidad, a modo de medios que permitan hacer madurar completamente a todos los seres, y con el fin de lograr el lugar perfecto, el cuerpo perfecto y un cortejo numeroso.*[2]

El supremo vacío no es otro que la sabiduría que aprehende directamente el vacío y que está sostenida por la práctica de los aspectos del método. Tened en cuenta que la práctica de la generosidad es esencial, así como la de las otras perfecciones. Esto es así porque el estado de pleno despertar de la condición de buda se produce por la concreción de causas y condiciones favorables. No hay acaecimiento sin causas y nada puede acaecer por causas contrarias. Un bodhisattva tiene numerosas y maravillosas ventajas para aumentar el bienestar de los seres vivientes; cada una de las virtudes conseguidas por ese ser noble es muy poderosa y muy eficaz. Por lo tanto, los bodhisattva se comprometen sin medida en la práctica de los aspectos del método de la vía, especialmente en las seis perfecciones, con el fin de alcanzar con prontitud el estado de la condición de buda.

Si no fuera así, ¿cuáles serán las causas de tierras como las tierras de los budas de las que el Buda habló? La sabiduría omnisciente, dotada de la mejor de todas las cualidades puede ser alcanzada por medio de la generosidad y de otros de los medios más idóneos. Por lo tanto, el Buda dijo que la sabiduría omnisciente se logra por medio de la generosidad y de otros medios más idóneos. Por eso los bodhisattva deberían también cultivar la generosidad y los medios más idóneos y no solamente el vacío.

El Sutra de la vasta colección de todas las cualidades[3] dice también:

«—Oh, Maitreya, los bodhisattva cumplen completamente las seis perfecciones con el fin de alcanzar el fin último de la condición de buda. Pero a esto los necios responden: los bodhisattva deberían sólo adiestrarse en la perfección de la sabiduría, ¿para qué el resto de las perfecciones? Niegan así las otras perfecciones. Maitreya, ¿qué opinas de eso? Cuando el rey de Kashi ofreció al halcón su carne para salvar a una paloma, ¿era eso falta de sabiduría?

»—No, no lo era —respondió Maitreya.

»El Buda prosiguió:

»—Maitreya, los bodhisattva acumulan las causas de sus méritos gracias a sus acciones conjuntas en las seis perfecciones. ¿Son nocivas esas fuentes de mérito?

»—Oh, Buda, no es así —respondió Maitreya.

»El Buda prosiguió:

»—Maitreya, tú también has practicado correctamente la perfección de la generosidad durante sesenta kalpas, la perfección de

la ética durante sesenta kalpas, la perfección de la paciencia duran-
te sesenta kalpas, la perfección del esfuerzo entusiasta durante se-
senta kalpas, la perfección de la estabilidad meditativa durante se-
senta kalpas y la perfección de la sabiduría durante sesenta kalpas.
A esto, los necios responden: hay una sola y única manera de al-
canzar la condición de buda y esta manera es la del vacío. Su prác-
tica es completamente errónea.

Aquí está expresada claramente la importancia de desarrollar una combinación del método y de la sabiduría. Tras haber desarro-llado una comprensión correcta del vacío, deberíais meditar para obtener una visión penetrante. También se debería insistir en la puesta en práctica del aspecto del método, el cual comprende las seis perfecciones. El objetivo final de un bodhisattva es alcanzar el despertar más elevado, que trasciende a la vez las adversidades del ciclo de las existencias y la paz complaciente del nirvana. Con esta finalidad, su práctica debe unir método y sabiduría.

Un bodhisattva dotado de sabiduría pero desprovisto de los me-
dios más idóneos sería parecido a un oyente, incapaz de implicarse
en las obras de los buda. No obstante sí podrá hacerlo si tiene el sos-
tén de los medios más idóneos. Como se dice en la Pila de joyas:
«*Kashyapa, [la sabiduría del bodhisattva] es como los reyes, que es-*
tán apoyados por sus ministros y pueden así ver cumplidos todos sus
deseos. De manera similar, [cuando] la sabiduría de un bodhisattva
tiene el total apoyo de los medios más idóneos, el bodhisattva puede
cumplir todas las actividades de un buda». La visión filosófica de la
vía de los bodhisattva es una cosa, y las vías filosóficas de los no bu-
distas y los oyentes, otra. Por ejemplo, el hecho de que la vía filosófi-
ca de los no budistas persista notablemente en admitir un ser [real-
mente existente], hace que para nosotros esa vía esté totalmente
alejada de la sabiduría. Por eso no pueden alcanzar la liberación.

Los oyentes están privados de la gran compasión y desprovistos de los medios más idóneos. Por lo tanto, únicamente se esfuerzan en ganar el nirvana. En su vía, los bodhisattva engarzan la sabiduría y los medios más idóneos, de manera que se esfuerzan por alcanzar el nirvana no estático.[4] La vía de los bodhisattva aúna la sabiduría y los medios más idóneos, y por eso ellos alcanzan el nirvana no estático. Gracias al poder de la sabiduría, no caen en el ciclo de las existencias; gracias al poder de los medios más idóneos, no caen en el nirvana.

El Sutra de la colina de Gaya[5] dice: «En pocas palabras, la vía de los bodhisattva es doble. Comprende los medios más idóneos y la sabiduría». Y el Primero entre los supremos y gloriosos[6] dice también: «La perfección de la sabiduría es la madre, y la experiencia en los medios más idóneos, el padre».

La enseñanza de Vimalakirti[7] nos dice también: «¿Qué es la esclavitud para los bodhisattva y qué es la liberación? El mantenimiento de una vida despojada de los medios más idóneos en el ciclo de las existencias es una esclavitud para los bodhisattva, pero llevar una vida provista de los medios más idóneos en el ciclo de las existencias es una liberación. Mantener una vida desprovista de sabiduría en el ciclo de las existencias es una esclavitud para los bodhisattva, pero llevar una vida dotada de sabiduría en el ciclo de las existencias es una liberación. La sabiduría que no está unida a los medios más idóneos es una esclavitud, pero la sabiduría unida a los medios más idóneos es una liberación. Los medios más idóneos separados de la sabiduría son una esclavitud, los medios más idóneos unidos a la sabiduría son una liberación».

Si un bodhisattva no cultiva más que la sabiduría, caerá en el nirvana que anhelan los oyentes. Es parecido a una esclavitud. Y no alcanzará la liberación del nirvana no estático. Así pues, la sabiduría separada de los medios más idóneos es una esclavitud para los bodhisattva. En consecuencia, así como una persona helada por el frío viento busca reconfortarse cerca del fuego, así el bodhisattva *cultiva la sabiduría del vacío junto a los medios más idóneos para disipar el viento de las visiones falsas, [pero] no [se esfuerza] en manifestarla, como hacen los oyentes.* El Sutra de las diez cualida-des[8] dice: «*Oh, hijo de noble familia, es como una persona devota del fuego, que lo respeta y lo considera su guru. No se dice a sí mismo: puesto que lo respeto, lo honro y lo venero, sostendré el fuego entre mis manos. Porque se da cuenta de que obrar así le causaría un gran dolor físico y una gran desazón interior. De la misma manera, un bodhisattva es consciente del nirvana, pero no intenta actualizarlo, porque se da cuenta de que hacerlo le desviaría del despertar*».

Si se apoya solamente en los medios más idóneos, el bodhisattva no trascenderá el nivel ordinario y por lo tanto permanecerá en la esclavitud. Por eso cultiva los medios más idóneos junto con la sabiduría. Merced al poder de la sabiduría, los bodhisattva pueden incluso transformar las emociones aflictivas en néctar, como una fórmula mántrica puede hacerlo con un veneno. No es necesario explicar [el carácter benéfico] de la generosidad y de las demás virtudes que conducen naturalmente a los estados más elevados de la existencia.

Los bodhisattva son hábiles y están dotados de sabiduría. Estas cualidades les capacitan para realizar actividades que si fueran efectuadas por los oyentes y los realizados solitarios podrían ser consideradas malsanas. Sin embargo, cuando son los bodhisattva quienes las realizan, podrán resultar de una gran ayuda para mejorar la condición de los demás seres. Con el fin de obrar por el bien de los seres, no han de atenerse estrictamente a las reglas que rigen las acciones del cuerpo y la palabra.

La Pila de joyas *dice: «Kashyapa, es así: a causa del poder del tantra y de la medicina, el veneno puede no causar la muerte. De igual manera, ya que las emociones aflictivas de los bodhisattva están bajo el control de la sabiduría, no pueden provocar su caída. Por lo tanto, gracias al poder de los medios más idóneos, los bodhisattva no abandonan el ciclo de las existencias; no caen en el nirvana. Gracias al poder de la sabiduría, eliminan todos los objetos concebidos erróneamente como realmente existentes y, por lo tanto, no caen en el ciclo de las existencias. Alcanzan el nirvana no estático de la condición única de buda».* El Sutra del tesoro del espacio *dice también: «A causa del conocimiento de la sabiduría, los bodhisattva eliminan todas las emociones aflictivas, y debido a su conocimiento de los medios más idóneos, no abandonan a los seres».* El Sutra que revela el pensamiento *dice también: «No he enseñado que quien no se siente concernido por el bien de los seres y no tiene inclinación para aprehender la naturaleza de todos los fenómenos compuestos alcanzará la condición de buda insuperable y perfectamente concluida». Por lo tanto, los que tienen como objetivo la condición de buda deben cultivar a la vez la sabiduría y los medios más idóneos.*

Los bodhisattva están dotados de gran sabiduría. Asimismo, sus emociones aflictivas se tornan ineficaces y dejan de ser la causa de su tránsito hacia destinos indeseables. Dado que estos nobles seres luchan por desarrollar por igual los medios más idóneos y la sabiduría, no son arrastrados por el ciclo de las existencias y no caen en el estado de autosatisfacción del nirvana. Tienen permanentemente el anhelo del bienestar del prójimo y, al mismo tiempo, se plantean el objetivo de alcanzar el despertar más alto.

Mientras meditáis sobre la sabiduría trascendente, o cuando estáis en un profundo recogimiento meditativo, no podéis aplicar los medios más idóneos, como la práctica de la generosidad; sólo pueden ser cultivados al mismo tiempo que la sabiduría durante los pe-

ríodos preparatorios y posmeditación. *Es la manera de entrar simultáneamente en la sabiduría y en los medios más idóneos.*

La sabiduría que proviene directamente del vacío está completamente libre de cualquier cualidad y la mente está completamente absorta en el vacío, como agua vertida en el agua. Evidentemente no es posible proseguir la práctica de los medios más idóneos durante ese período. Sin embargo, la importancia de practicar simultáneamente el aspecto de la sabiduría y el aspecto de los medios más idóneos debería ser comprendida desde una perspectiva correcta. Durante el curso de las sesiones que preceden y siguen a la meditación, un individuo puede practicar la compasión, el altruismo, la generosidad y todo tipo de prácticas que aumenten el poder de la sabiduría.

Además, es la vía por la que los bodhisattva aúnan la práctica de la sabiduría y los medios más idóneos. Se trata de cultivar la vía trascendente que está completamente impregnada de una gran compasión dirigida hacia el conjunto de los seres. Así, y mientras ponéis en marcha los medios más idóneos tras haber salido del recogimiento meditativo, practicáis la generosidad y los demás métodos sin ningún error, como lo haría un mago. Se dice en el Sutra de la enseñanza de Akshayamati:[9] *«¿Cuáles son los medios más idóneos de un bodhisattva y qué tipo de sabiduría manifiesta? Los medios más idóneos del bodhisattva consisten en pensar y en concentrar la mente, con precisión y gran compasión, sobre los seres, en el curso del recogimiento meditativo. Y la entrada en la estabilidad meditativa, que se hace en paz, en una paz extrema, es la sabiduría». Las referencias de este tipo son muy numerosas. El* Sutra sobre el *capítulo sobre el control de las fuerzas malévolas*[10] *dice también:* «*Además, las actividades perfectas del bodhisattva consisten en los esfuerzos conscientes del espíritu de la sabiduría y en la reunión de todos los dharma meritorios por el espíritu de los medios más idóneos. El espíritu de la sabiduría lleva también a la inexistencia del ser, la ausencia de existencia en sí de los seres, de la vida, de su soporte y de la persona. Y el espíritu de los medios más idóneos lleva a todos los seres hacia la completa madurez».* En cuanto *al* Sutra de la reunión completa de todas las cualidades, *dice:*

*Como un mago que se esfuerza
en dejar que su creación adquiera autonomía,
sabiendo de antemano cuál es la naturaleza de su creación,
no manifiesta ningún apego hacia ella.
De igual manera, los tres ámbitos son como una ilusión,
lo que Buda el sabio sabía
desde hace mucho tiempo y antes de conocer a los seres*

                                      [de los mundos

y disponerse a ayudarles.

Sobre la práctica de la sabiduría y de los medios más idóneos de los bodhisattva, se dice: en sus actividades, permanecen en el ciclo de las existencias, pero en su pensamiento habitan en el nirvana.

Por ejemplo, un mago proyecta la ilusión de una persona en prisión. Después, intenta liberar a esa persona de la prisión. Como sabe que su proyección no es más que una ilusión, no siente ningún apego ni nada parecido al respecto. De la misma manera, los buda ven a todos los seres de los tres ámbitos como ilusiones. No se apegan a las cosas como si tuvieran una existencia intrínseca y están dotados de la sabiduría que comprende que las cosas están vacías, como una ilusión. Al mismo tiempo, se comprometen a velar por el bienestar de todos.

De este modo, acostumbraos a la generosidad y a los demás medios más idóneos dedicados al despertar insuperable y perfecta-

mente concluido, preservando la esencia del vacío y de la gran compasión. Con el fin de engendrar el espíritu del despertar último de la bodhichitta como se ha hecho antes, practicad la meditación de la calma mental y la visión superior tanto como os sea posible, en sesiones regulares. Como se enseña en el Sutra del campo puro del compromiso,[11] familiarizaos constantemente con los medios más idóneos concentrando vuestra atención en las excelentes cualidades del bodhisattva que obran por el bien de los seres en todo momento.

De esta manera, aquellos que estén familiarizados con la compasión, los medios más idóneos y el espíritu del despertar de la bodhichitta destacarán sin ninguna duda en esta vida. Contemplarán sin cesar en sus sueños a los buda y los bodhisattva y se les aparecerán todo tipo de temas agradables. Los dioses agradecidos les protegerán y acumularán a cada instante inmensas cantidades de méritos y aprehensiones. Las emociones aflictivas y cualquier tipo de malos estados de la existencia serán purificados. Gozaréis de mucha felicidad y de paz mental en todo momento y un gran número de seres os querrán. Físicamente, también estaréis libres de enfermedades. Alcanzaréis una suprema destreza mental, lo que os permitirá adquirir cualidades mentales tales como la clarividencia.

Cuando entréis en la práctica de las enseñanzas, intentad adquirir una cierta comprensión intelectual de la visión del vacío. Como ya hemos señalado, las cosas están desprovistas de existencia real, no tienen una esencia independiente por sí mismas. Cuando recitamos las oraciones o cuando nos postramos, debemos desarrollar un cierto sentimiento de la naturaleza ilusoria de las cosas. La misma invocación debería realizarse en el marco de la filosofía de la carencia de ser en sí. También es pertinente comprender y recordar la significación del vacío en las prácticas tántricas. La práctica de todo tipo de actividades virtuosas unida al conocimiento del vacío

nos ayuda considerablemente a transitar por el camino espiritual.
A la vez, las emociones aflictivas y el resto de defectos disminuirán
y serán gradualmente eliminados, mientras que la compasión, el altruismo, los medios más certeros y las demás virtudes se harán más
fuertes.

*Entonces, gracias a milagrosos poderes, viajarás a innumerables
mundos, haciendo ofrendas a los buda y escuchando sus enseñanzas. En el momento de morir, también verás, a buen seguro, a los
buda y los bodhisattva. En tus vidas futuras, renacerás en familias
y lugares excepcionales donde nunca estarás privado de la compañía de los buda y de los bodhisattva. Así es como conseguirás sin
ningún esfuerzo todas las acumulaciones de méritos y de sabiduría.
Gozarás de gran prosperidad, de grandes amistades y de numerosos ayudantes. Dotado de una aguda inteligencia, serás capaz de
hacer madurar la mente de numerosos seres. En todas sus vidas, tal
persona podrá recordar sus vidas pasadas. Intentad comprender las
ventajas inconmensurables que otros sutra también describen.*

*De esta manera, si meditáis largamente y con dedicación sobre
la compasión, los medios más idóneos y el espíritu del despertar de la
bodhichitta, la corriente de vuestra mente acabará por estar totalmente purificada y llegará a la madurez. Entonces, al igual que se
produce fuego frotando dos palos de madera uno contra otro, concluiréis vuestra meditación sobre la realidad perfecta. Obtendréis
de este modo un conocimiento extremadamente claro de la esfera de
los fenómenos, libre de toda elaboración conceptual, la sabiduría
trascendente liberada de las redes del pensamiento conceptual. Esta
sabiduría de la bodhichitta última es inmaculada, a imagen de una
lámpara de aceite inmutable que ya no vacila con el viento. Tal
mente anclada en la bodhichitta última se integra en la vía de la visión en la que se aprehende la naturaleza desprovista del ser en sí
de todos los fenómenos. Gracias a este logro, accederéis a la vía*

centrada en la realidad de las cosas y naceréis entonces en la familia de los tathagata. Penetraréis en el estado inmaculado de un bodhisattva, apartándoos de todos los nacimientos errantes y, al instalaros en la esencia de los bodhisattva, alcanzaréis la primera tierra de los bodhisattva.[12] *Encontraréis más detalles sobre estas ventajas en otros textos, tales como* Las diez tierras espirituales.[13] *Así es como el* Sutra del descenso a Lanka *enseña cómo estabilizar la meditación concentrándose en la esencia y así es cómo los bodhisattva penetran en la meditación no conceptual, libre de toda elaboración.*

Cuando vemos sufrir a alguien sentimos compasión. Debemos darnos cuenta de que es muy importante mantener esa actitud y reforzarla con otros medios más idóneos. Asimismo, disponemos de nuestra inteligencia humana, que es capaz de discernir lo que es justo y lo que es erróneo. También esto se debería cultivar y orientarlo hacia el discernimiento de la realidad última. Con el fin de alcanzar dichos fines, es esencial llevar a cabo acciones meritorias y prácticas de purificación. Fundamentalmente, es vital cultivar la facultad de la sabiduría basada en el discernimiento. Con ayuda de esa sabiduría, examinad una y otra vez la realidad y desarrollad una apreciación inteligente del sentido de la esencia. A su vez, eso os ayudará a engendrar el profundo sentimiento que actúa sobre la realidad. Este acercamiento analítico debería fundamentarse en la concentración meditativa. La práctica de la compasión y el conocimiento del vacío llevarán al individuo a la certidumbre de que las impurezas de la mente pueden ser disipadas y que el estado de omnisciencia puede ser logrado.

Tras una larga práctica de las enseñanzas, utilizando la compasión como fundamento junto con la sabiduría, se deseará vehementemente alcanzar el estado de la condición de buda. Cuando el deseo del bien de todos sea sincero y provenga del fondo del corazón, llegaréis a ser un bodhisattva. Alcanzaréis entonces la vía de la acumulación[14] en el Mahayana. De los tres niveles de esta vía (pequeño, medio y grande) habéis alcanzado el pequeño. Se le llama espíritu del despertar semejante a la tierra. El espíritu del despertar incluye ventiún tipos. El practicante, gracias a la compasión, se enriquece con el espíritu del despertar y también refuerza su conocimiento del vacío. La meditación de la calma mental se practica en conexión con el vacío y cuando la sabiduría surgida de esa meditación se desarrolla, el individuo alcanza la vía de la preparación.[15]

Se debe entonces continuar la meditación, en la que la completa coordinación entre los aspectos del método y de la sabiduría adquiere una importancia crucial. Gracias a estas prácticas, el meditante llega a integrarse plenamente en la esencia, como el agua vertida en el agua, libre de cualquier rasgo de dualidad. En el primer instante en que el meditante accede a la visión directa del vacío alcanza la vía de la visión.[16] Como estas aprehensiones se adquieren conjuntamente con el espíritu del despertar, es evidente que estamos hablando del sendero del Mahayana. El meditante alcanza la primera de las diez tierras de los bodhisattva, llamada «gozosa». Esta vía comprende dos partes, la ininterrumpida y la liberada. Durante la primera parte de la vía, los obstáculos para la aprehensión son rechazados y, cuando han sido vencidos, se alcanza la vía de la liberación.

Gracias a una dedicación constante, el practicante elimina los obstáculos y llega a la vía de la meditación.[17] En el último momento de la concentración llamada «vía de la meditación semejante al vajra»,[18] las impurezas más sutiles son eliminadas de raíz. Así es como el individuo desarrolla la sabiduría trascendental omnisciente y se convierte en un buda.

De esta manera, una persona que ha llegado a la primera tierra se familiariza en seguida, en el curso de la vía de la meditación, con *las dos sabidurías del estado trascendente, la sabiduría subsiguiente y los medios más idóneos. Así es como purifica poco a poco las más sutiles acumulaciones de oscuridades que son el objeto de purificación en la vía de la meditación. Y para lograr las más altas cualidades, purifica completamente los niveles mentales inferiores. Todos sus fines y objetivos se cumplen perfectamente cuando entra en la sabiduría trascendente de los tathagata y penetra en el seno del océano de la onmisciencia. Así es como, gracias a una práctica gradual, el flujo de la mente será completamente purificado. El Su-*tra del descenso a Lanka *lo explica. También el* Sutra *que revela el pensamiento, cuando se lee:* «Para conseguir los niveles más elevados, deberás purificar tu mente, como se refina el oro, hasta que aprehendas la condición de buda insuperable y perfectamente concluida».

Al penetrar en el océano de la omnisciencia, entráis en posesión de cualidades infalibles y semejantes a una joya, que permiten satisfacer a los seres, y que resultan de vuestras oraciones pasadas. El individuo se convierte entonces en la personificación de la compasión, está dotado de una variedad de medios más idóneos que funcionan espontáneamente y obra bajo la forma de emanaciones diversas en beneficio de todos los seres errantes. Además, todos los atributos maravillosos han sido logrados. Con la eliminación completa de todas las impurezas y de su potencial latente, todos los buda se ponen al servicio de cada ser viviente. Realizando esto, desarrollad la fe en los buda, la fuente de todos los conocimientos y todas las cualidades maravillosas. Cada uno de nosotros debería esforzarse por manifestar estas cualidades.

El Buda lo dijo así: «La sabiduría trascendente de la omnisciencia tiene su origen en la compasión y su causa en el espíritu del despertar de la bodhichitta, y se perfecciona con los medios más idóneos».

Para resumir las enseñanzas de este precioso texto, tengamos presente que las dos realidades[19] deben ser establecidas en primer lugar, porque constituyen la base. En el transcurso de la práctica, resulta necesario utilizar los dos tipos de acumulaciones y los aspectos del método y de la sabiduría de la vía, todo en perfecta armonía. Como resultado, se alcanzn dos tipos de cuerpo de buda.[20] Cuando un individuo alcanza el estado de omnisciencia de la condición de buda, todas las emociones aflictivas y todas las impurezas son eliminadas de una vez por todas. Así es como una persona accede a la conciencia plena. A partir de ese momento, ese ser despierto tiene un potencial ilimitado para acudir en ayuda de los seres, con el fin de que alcancen la emancipación y la libertad.

El sabio se mantiene apartado de la envidia y de las otras manchas;
su sed de conocimiento es insaciable,
parecida al océano.
Gracias al discernimiento, no retiene más que lo que es justo,
a semejanza de los cisnes que extraen la leche del agua,
así los eruditos deberían mantenerse apartados
de las actitudes parciales y de la beatería.
Incluso de un niño
se pueden recibir buenos consejos.
Sean cuales sean los méritos que pueda obtener
por la exposición de esta vía media
los dedico a todos los seres
para que alcancen la vía media.

Así acaba la segunda parte de Las etapas de la meditación, *compuesto por el Acharya Kamalashila. Fue traducida y editada en tibetano gracias al esmero del sacerdote indio Prajna Verma y del monje Yeshe De.*

Así acaban las enseñanzas de este maravilloso texto del gran Kamalashila. El autor, así como su maestro Shantarakshita, tenía un lazo kármico especial con el pueblo del país de las nieves, y la bondad de ambos era inestimable. Me congratulo de haber podido transmitiros sus enseñanzas acompañadas de explicaciones sobre la segunda parte de *Las etapas de la meditación* de Kamalashila. Os exhorto a volverlas a escuchar o a leerlas para estudiar el texto. Para desarrollar y ampliar vuestra comprensión de la vía media, también deberíais estudiar los excelentes textos sobre el Madhyamika de Buddhapalita[21] y de Chandrakirti,[22] quienes han expuesto el punto de vista último de la escuela de pensamiento del Madhyamika.

NOTAS

1. El *Lankavatarasutra*.

2. El lugar es una tierra pura o campo puro de buda (sánscr.: *buddhakṣetra*; tib.: *zhing-khams*) que se manifiesta como resultado de las obras meritorias del bodhisattva en el mundo que constituye su campo de conversión. El cuerpo hace referencia a los cuerpos formales que permiten guiar a los seres, y el cortejo es el de los que han llegado a ser discípulos de los grandes bodhisattva.

3. El *Sarvadharmasamgrahavaipulyasutra*.

4. Véase la nota 4 del capítulo 3.

5. El *Gayasirsasutra*.

6. El *Shriparamadhya*.

7. El *Vimalakirtinirdeshasutra*.

8. El *Dashadharmakasutra*.

9. El *Aksayamatinirdeshasutra*.

10. El *Maradmanparichedasutra*.

11. El *Gocharparishuddisutra*.

12. La primera de las diez tierras (sánscr.: *bhūmi*; tib.: *sa*). «Gozosa», que se alcanza cuando se adquiere el conocimiento directo y defini-

tivo del vacío en la vía de la visión (sánscr.: *darśanamarga*; tib.: *mthong-lam*).

13. El *Dashabhumikasutra*.

14. La vía de la acumulación (sánscr.: *saṃbhāramārga*; tib.: *tshogs-lam*), la primera de las cinco vías de progresión hacia el despertar, marcada en el Mahayana por la asunción de voto del bodhisattva (sánscr.: *praṇidhāna*) y el compromiso en la vía del bodhisattva.

15. La vía de la preparación o de la aplicación (sánscr.: *prayogamārga*; tib.: *sbyor-lam*), la segunda de las cinco vías, en la que el practicante refuerza su práctica de meditación y se prepara para aprehender directamente el vacío.

16. La vía de la visión (sánscr.: *darśanamārga*; tib.: *mthong-lam*), la tercera de las cinco vías, en la que el practicante del Mahayana se convierte en un aryabodhisattva y franquea el umbral de la primera de las diez tierras de los bodhisattvas.

17. La vía de la meditación (sánscr.: *bhāvanāmārga*; tib.: *sgom-lam*), la cuarta de las cinco vías, durante la que el aryabodhisattva recorre los niveles de la segunda a la décima tierra.

18. El vajropamasamadhi o recogimiento semejante al diamante (tib.: *rdo-rje lta-bu ting-nge-'dzin*) en el curso del cual el bodhisattva se convierte en un buda plenamente despierto.

19. Tib.: *bden-pa gnyis*, las dos realidades o dos verdades, la absoluta y la convencional.

20. Gracias a la perfección de la sabiduría, el cuerpo absoluto o dharmakaya está colmado por sí mismo. Como resultado de la acumulación meritoria, el cuerpo formal o rupakaya se colma por el bien del prójimo. A su vez se subdivide en cuerpo de goce o sambhogakaya, que actúa cerca de los aryabodhisattva de las últimas tierras, y cuerpo de aparición o nirmanakaya, que actúa en bien de los seres ordinarios sumidos en los sufrimientos del ciclo de las existencias.

21. Buddhapalita (siglo V) está considerado el fundador del Madhyamika prasangika. Su principal obra es el *Mulamadhyamakavrttibuddhapalita*, su comentario de *Las estancias fundamentales de la vía media*, de Nagarjuna, que ha sido conservado íntegramente en tibetano.

22. Chandrakirti (siglo VII) es el autor de la *Prasannapada* o *Madhyamakavrtti*, comentario de *Las estancias fundamentales de la vía media*, de Nagarjuna, donde defiende el punto de vista de Buddhapalita contra los ataques de Bhavaviveka. También compuso el *Madhyamakavatara*.

EL BHAVANAKRAMA

Las etapas de la meditación

LIBRO SEGUNDO

por Kamalashila

En lengua de la India: *Bhāvanākrama*.
En lengua tibetana: *sGom-pa'i rim-pa*.
Homenaje a Manjushri el juvenil.

EXPLICARÉ BREVEMENTE las etapas de la meditación para los que siguen el sistema de los sutra del Mahayana. La mente iluminada que desee alcanzar muy rápidamente la omnisciencia debería hacer el esfuerzo deliberado de reunir las causas y las condiciones necesarias.

No es posible que se produzca la omnisciencia sin causas, porque si así fuese, todo participaría permanentemente de la omnisciencia. Si las cosas acontecieran sin apoyarse sobre otras, existirían sin tensiones; no habría ninguna razón para que las cosas no fueran omniscientes. Por lo tanto, ya que todas las cosas eficientes se producen sólo ocasionalmente, dependen estrictamente de sus causas. La omnisciencia es también rara porque no se produce en todos los momentos y en todos los lugares. De lo que se deduce que depende definitivamente de causas y de condiciones.

Y entre las causas y las condiciones, deberás cultivar las causas correctas y completas. Si pones en práctica las causas erróneas, aunque trabajes duro y durante mucho tiempo, el objetivo deseado no será alcanzado. Será como querer ordeñar un cuerno [de vaca]. Asimismo, el resultado no se producirá si cada causa no ha producido su efecto. Por ejemplo, sin la semilla, el resultado, el brote, no se producirá. Por lo tanto, los que deseen obtener un resultado particular deben cultivar sus causas y sus condiciones en su integridad y sin error.

Si te preguntas: «¿Cuáles son las causas y las condiciones del fin último de la omnisciencia?», [yo], que me asemejo a un ciego, no sería quizá capaz de explicártelas, pero utilizaré las mismas palabras del Buda, tal como las pronunció ante sus discípulos tras su despertar. Dijo entonces: «Vajrapani, señor de los misterios, la sabiduría trascendente de la omnisciencia hunde sus raíces en la compasión y emerge de causas: el pensamiento altruista, el espíritu del despertar de la bodhichitta y la perfección de los medios adecuados». Por lo tanto, si estás interesado en el logro de la omnisciencia, debes practicar estas tres cosas: la compasión, el espíritu del despertar o bodhichitta y los medios adecuados.

Conmovidos por la compasión, los bodhisattva asumen el voto de liberar a todos los seres.

Después, poniendo fin a sus visiones egocéntricas, se obligan con ardor y continuamente a las muy difíciles prácticas de la acumulación de méritos y de la visión profunda.

Habiéndose así iniciado en esta práctica, concluyen con toda seguridad la acumulación de méritos y la visión profunda. Se compara este logro de la acumulación [doble] de méritos y de la visión profunda con el hecho de tener la omnisciencia misma. Por lo tanto, y dado que la compasión es la única fuente de la omnisciencia, deberíais acostumbraros a esta práctica desde el principio.

Se lee en el *Compendio del perfecto Dharma*: «Oh, Buda, un bodhisattva no debería adiestrarse en numerosas prácticas. Si un bodhisattva se atiene correctamente a un único Dharma y lo asume a la perfección, reúne todas las cualidades de un buda en la palma de la mano. Y si preguntas cuál es este Dharma, la respuesta es: la gran compasión».

Los buda ya han logrado su propio fin, pero permanecen en el ciclo de las existencias tanto tiempo como permanecen los seres. Esto es así porque están imbuidos de una gran compasión. Así que no entran en la morada inmensamente beatífica del nirvana como hacen los oyentes. Tomando en consideración ante todo el interés del prójimo, abandonan la morada apacible del nirvana como si se tratara de un edificio de metal incandescente. Por lo tanto, sólo la gran compasión es la causa del nirvana no estático de los buda.

La manera de meditar sobre la compasión será enseñada desde el principio. Comenzad la práctica meditando sobre la ecuanimidad. Intentad actualizar la imparcialidad al respecto de todos los seres eliminando el apego y el odio.

Todos los seres desean la felicidad y no ansían el sufrimiento. Reflexionad profundamente de este modo: «En este ciclo de existencias sin comienzo, no existe ni un solo ser que no haya sido mi amigo o pariente centenares de veces. Por lo tanto, ya que ligarse a algunos seres odiando a los otros no reposa sobre ningún fundamento, desarrollaré el espíritu de ecuanimidad respecto a todos los seres». Empezad la meditación sobre la ecuanimidad pensando en una persona que os es indiferente, después reflexionad sobre los que son vuestros amigos y por último sobre los que son vuestros enemigos.

Una vez que hayáis desarrollado en vuestra mente la ecuanimidad respecto a los demás, meditad sobre el amor benévolo. Humedeced el continuum mental con el agua del amor benévolo y preparadlo como prepararíais un abono de buena tierra. Cuando el grano de la compasión se plante en una mente así, su germinación será rápida, conveniente y completa. Una vez que el flujo de vuestra mente se haya empapado de amor benévolo, meditad sobre la compasión.

El espíritu de compasión tiene como naturaleza el anhelo de que todos los seres sufrientes queden libres del sufrimiento. Meditad sobre la compasión respecto a todos los seres, ya que los seres de los tres ámbitos de la existencia sufren la tortura intensa de los tres tipos de sufrimiento bajo variadas formas. El Buda ha dicho que el calor y otros tipos de sufrimientos no cesan de torturar a los seres hundidos en los infiernos por un tiempo muy largo. También ha declarado que los fantasmas ávidos son atormentados por el hambre y la sed, y experimentan un inmenso dolor físico. Podemos también ver a los animales sufrir de muchas miserables maneras: se devoran entre ellos, se vuelven agresivos, caen heridos y mueren. También podemos ver a los seres humanos sufrir todo tipo de dolores intensos. Incapaces de encontrar lo que buscan, están llenos de resentimiento y se hacen mal mutuamente. Sufren al perder los bellos objetos de sus deseos y los comparan con la fealdad de lo que no quieren y con el dolor de la miseria.

Existen aquellos cuya mente está trabada por diversos lazos de emociones aflictivas, tales como el deseo-apego. Otros están sumidos en los tormentos creados por diferentes tipos de visiones erróneas. Y como todo ello es causa de sufrimiento, [los seres humanos] están constantemente inmersos en un dolor intenso, como si estuvieran al borde de un precipicio.

Los dioses padecen el sufrimiento del cambio. Así, los signos de una muerte inminente y de su caída en estados de infortunio opriman la mente de los dioses del ámbito del deseo. ¿Cómo podrían vivir en paz?

El sufrimiento omnipresente es el que surge bajo el poder de causas vinculadas a actos y emociones aflictivas. Tiene como naturaleza y característica la desintegración momentánea e impregna a todos los seres errantes.

Por lo tanto, considerad que los seres errantes están como inmersos en una hoguera de sufrimiento. Pensad que son todos como vosotros y que no desean absolutamente ningún sufrimiento: «¡Ay!, todos los seres queridos en tal aflicción. ¿Cómo librarlos de ella?», y haced que sus sufrimientos sean los vuestros. Sea que estéis comprometidos en una meditación unificadora, sea que prosigáis vuestras actividades ordinarias, concentraos en todos los seres y desead que se liberen del sufrimiento. Comenzad por meditar sobre vuestros amigos y parientes. Reconoced hasta qué punto soportan los sufrimientos a los que han sido expuestos.

Una vez que hayáis visto que todos los seres son iguales, que no hay diferencia alguna entre ellos, deberíais meditar sobre los seres que os resultan indiferentes. Cuando la compasión que sintáis respecto a ellos sea la misma que la que sentís por vuestros amigos o parientes, meditad sobre la compasión, extendiéndola a cualquier ser que se encuentre en las diez direcciones del universo.

Cuando desarrolléis un sentido espontáneo e igualitario de la compasión hacia todos los seres, de la misma manera que una madre responde a la llamada de su hijito querido y sufriente, habréis alcanzado la práctica de la compasión. Esto se llama gran compasión.

La meditación sobre el amor benévolo comienza con vuestros amigos y los seres queridos. Tiene como objeto el deseo de que ellos encuentren la felicidad. Poco a poco, extendéis el alcance de vuestra meditación hasta incluir a los extraños e incluso a vuestros enemigos. Acostumbrándoos a la compasión, engendraréis gradualmente el deseo espontáneo de liberar a todos los seres. Por lo tanto, tras haberos familiarizado con este deseo y tomando la compasión como base, meditad sobre el espíritu del despertar de la bodhichitta.

La bodhichitta tiene dos niveles: el convencional y el último. La bodhichitta convencional consiste en cultivar el pensamiento inicial que aspira a alcanzar la condición de buda de un modo insuperable y perfectamente logrado, con el fin de ayudar a todos los seres errantes, tras haber asumido el voto compasivo de aliviarlos a todos del sufrimiento. Se debería cultivar la bodhichitta convencional de la manera descrita en el capítulo del *Bodhisattvabhumi* sobre la ética, es decir, engendrar dicho estado mental asumiendo el voto de bodhisattva ante un maestro que preserve los preceptos del bodhisattva.

Después de haber engendrado el espíritu del despertar convencional, esforzaos en cultivar el espíritu del despertar último de la bodhichitta. La bodhichitta última es trascendente y libre de toda elaboración. Es extremadamente clara, es el objeto de lo último, sin manchas, inconmovible, semejante a una lámpara que no oscila al viento.

Se alcanza tras una larga, constante y atenta dedicación a dominar el yoga de la meditación de la calma mental y de la visión superior. El *Sutra que revela el pensamiento* dice: «Oh, Maitreya, debes saber que todos los dharma virtuosos de los oyentes, de los bodhisattva o de los tathagata, bien sean mundanos o trascendentes, son el fruto de la meditación de la calma mental y de la visión trascendente». Dado que todos los tipos de concentraciones pueden ser incluidas en estas dos categorías, todos los yoguis deben en todo momento buscar la meditación de la calma mental y de la visión superior. Y el *Sutra que revela el pensamiento* insiste: «El Buda ha dicho que se debe saber que las enseñanzas de los diferentes tipos de concentraciones descubiertos por los oyentes, los bodhisattva y los tathagata se hallan en la meditación de la calma mental y de la visión superior».

Los yoguis no pueden eliminar la oscuridad por el simple hecho de familiarizarse con la meditación de la calma mental. Ésta no puede suprimir más que temporalmente las emociones aflictivas y las ilusiones. Sin la luz de la sabiduría no se puede destruir completamente el potencial latente de las emociones aflictivas y, por lo tanto, su total erradicación no será posible. Por eso el *Sutra que revela el pensamiento* dice: «La concentración puede suprimir eficazmente las emociones aflictivas, y la sabiduría, destruir totalmente su potencial latente».

El *Sutra que revela el pensamiento* dice también:

Aunque meditéis con una concentración unificada,
no destruiréis el error del ser
y vuestras emociones aflictivas os perturbarán de nuevo;
lo que nos recuerda la meditación unificada de Udrak.
Que la insubstancialidad de los fenómenos sea examinada
[con precisión,
y que se efectúen las meditaciones sobre la base de este análisis
y ésa será la causa que engendrará la liberación;
ninguna otra causa puede aportar la paz.

Y la *Canasta de los Bodhisattva* dice: «Los que no han escuchado las diversas enseñanzas procedentes de la *Canasta de los Bhodisattva* ni las enseñanzas prácticas de la disciplina monástica y piensan que la concentración unificada por sí sola basta, caerán en la trampa de la arrogancia debida al orgullo. Por eso no pueden obtener la completa liberación del nacimiento, la vejez, la enfermedad y la muerte, de la aflicción, el llanto, el sufrimiento, la tristeza y las perturbaciones. Tampoco pueden alcanzar la completa liberación del ciclo de los seis destinos, ni del amontonamiento de los agregados del sufrimiento mental y físico. Teniendo esto en la mente, el tathagata dijo que la atención a las enseñanzas os ayudará a obtener la liberación de la vejez y de la muerte».

Por estas razones, los que deseen alcanzar la sabiduría trascendente absolutamente purificada por la eliminación de toda oscuridad, deberían meditar sobre la sabiduría aun manteniéndose en la meditación de la calma mental.

El *Sutra de la pila de joyas* dice: «La concentración unificada se alcanza por la adhesión a la ética. Con la consecución de una concentración unificada, meditáis sobre la sabiduría. La sabiduría os ayuda a obtener una conciencia clara perfectamente pura. Gracias a la conciencia clara perfectamente pura, se culmina vuestra conducta moral».

El *Sutra sobre la meditación de la fe en el Mahayana* dice: «Oh, hijo de buena familia, si no te ciñes a la sabiduría, no me será posible decirte cómo podrás tener fe en el Mahayana de los bodhisattva ni cómo podrás adentrarte en él. Oh, hijo de buena familia, deberías saber que esto es así porque tanto la fe del bodhisattva en el Mahayana como su inserción en él resultan de la contemplación del perfecto Dharma y de la realidad por medio de una mente despierta».

La mente de un yogui se distraerá con diversos objetos si se contenta con cultivar la visión superior sin desarrollar un estado de reposo apacible. Será inestable, como una lámpara de aceite al viento. Ya que la claridad de la conciencia clara original estará entonces ausente, los dos métodos [la visión superior y la mente que reposa en calma] deberían ser cultivados por igual. Por eso, el *Sutra del gran y perfecto más allá del sufrimiento* dice: «Los oyentes son incapaces de ver la naturaleza de buda porque su absorción unificada es demasiado fuerte y su sabiduría demasiado débil. Los bodhisattva pueden verla, pero no con claridad, ya que su sabiduría es demasiado fuerte y, su concentración unificada, demasiado débil. Sólo los tathagata pueden ver la totalidad porque poseen en un mismo grado una mente en calma y una visión superior».

A causa del poder de la meditación de la calma mental, la mente no se verá perturbada por el viento de los pensamientos conceptuales, será como una lámpara de aceite a la que la brisa no agita. La visión superior elimina todos los defectos de las visiones erróneas, de manera que las opiniones de los demás no os afectarán. El *Sutra de la lámpara lunar* dice: «Gracias a la fuerza de la meditación de la calma mental, la mente se hará imperturbable, y gracias a la visión superior, se hará como una montaña». De la unión de ambas se nutre la práctica yóguica.

Para empezar, el yogui debería reunir las condiciones previas que le ayudarán a lograr con prontitud y facilidad la meditación de la calma mental y la visión superior.

Las condiciones previas indispensables para el desarrollo de la meditación de la calma mental son: vivir en un lugar favorable, limitar los deseos propios y practicar la satisfacción, no implicarse en muchas actividades, mantener una moralidad pura y eliminar completamente el apego y cualquier otro tipo de pensamiento conceptual.

Se reconocerá un entorno favorable por estas cinco características: debe ser posible procurarse fácilmente la alimentación y el vestido, debe estar desprovisto de seres malignos y de enemigos, estar desprovisto de enfermedades, ser frecuentado por buenos amigos que mantengan una disciplina ética y compartan visiones similares, no ser visitado por mucha gente durante el día y ser poco ruidoso por la noche. Limitar sus deseos significa no estar excesivamente apegado a la cantidad y la calidad de las vestimentas, tales como ropas monacales, etc. Por práctica de satisfacción hay que entender contentarse siempre con poco, por ejemplo, con ropas monacales sobrias, etc. No estar implicado en muchas actividades quiere decir evitar actividades ordinarias tales como los negocios, evitar asociarse estrechamente con laicos y monjes y abandonar completamente la práctica de la medicina y la astrología.

Aunque se diga que una transgresión de los votos de los oyentes no puede ser reparada, si la pesadumbre y la conciencia clara de la intención de no reincidir están presentes, así como la conciencia de la ausencia de identidad real de la mente que ha cometido la acción e incluso de su familiaridad con la ausencia de identidad real de todos los fenómenos, se puede decir que la moralidad de la persona es pura. Se debería comprender esto según el *Sutra sobre la eliminación de las penas de Ajatashatru*. Deberíais sobreponeros a vuestra pesadumbre y redoblar el esfuerzo en vuestra meditación.

El hecho de identificar los diversos defectos del apego a esta vida y a las vidas futuras os ayudará a eliminar las concepciones erróneas sobre esta cuestión. En el ciclo de las existencias, tanto las cosas hermosas como las repugnantes tienen en común que todas son inestables y están sujetas a la desintegración. No hay duda de que os separaréis dentro de poco de todas esas cosas. Meditad: «¿por qué entonces el ser se apega con tanta fuerza a las cosas?», y después disipad todas las concepciones erróneas.

¿Cuáles son las condiciones previas a la visión superior? Es necesario confiarse a las personas santas, estudiar seriamente las instrucciones recibidas y practicar una contemplación correcta.

¿En qué tipo de persona santa deberíamos confiar? En la que ha oído muchas [enseñanzas], se expresa claramente, está dotada de compasión y tiene la capacidad de superar adversidades.

¿Qué quiere decir estudiar seriamente las instrucciones recibidas? Se trata de escuchar seria y respetuosamente el sentido definitivo y el susceptible de ser interpretado de las doce ramas de las enseñanzas del Buda. El *Sutra que revela el pensamiento* nos dice: «No escuchar las enseñanzas de los seres superiores como lo desearíais es un obstáculo para la visión superior». El mismo sutra añade: «La visión superior surge de su causa, la visión correcta, que a su vez proviene de la escucha y la contemplación». El *Sutra de las preguntas de Narayana* dice: «Por la experiencia de la escucha [de las enseñanzas] obtenéis la sabiduría, y con la sabiduría, todas las emociones aflictivas serán rigurosamente apaciguadas».

¿Qué se entiende por contemplación correcta? Se trata de establecer con precisión cuáles son los sutra definitivos y cuáles son susceptibles de interpretación. Cuando los bodhisattva se liberan de la duda, pueden meditar de manera unificada. Pero si les asaltan la duda y la indecisión, serán como un hombre en una encrucijada, incapaces de escoger la vía a seguir.

Los yoguis deberían renunciar permanentemente al pescado, la carne, etc., deberían comer con moderación y evitar los alimentos que no favorezcan la buena salud.

Los bodhisattva que han reunido todas las condiciones previas para la meditación de la calma mental y la visión superior deberían entrar en meditación.

Cuando medite, el yogui debería primero realizar las prácticas preparatorias. Tras haber ultimado su higiene personal y haberse instalado en un lugar agradable y desprovisto de ruidos perturbadores, pensará: «liberaré a todos los seres llevándoles hacia el estado del despertar». Luego manifestará una gran compasión, el deseo de liberar a todos los seres y rendirá homenaje a todos los buda y bodhisattva de las diez direcciones tocando el suelo con los cinco puntos de su cuerpo.

Dispondrá frente a sí o en cualquier otro lugar una representación de los buda y de los bodhisattva, como una pintura. Hará tantas ofrendas y oraciones como le sea posible. Confesará sus malas acciones y celebrará los méritos de todos los demás seres.

Después, se sentará en la postura completa del loto de Vairochana o en la postura del medio loto sobre un cojín confortable. Los ojos no deberán estar ni demasiado abiertos ni demasiado cerrados. Dejará que se posen en la punta de la nariz. El cuerpo no deberá inclinarse ni hacia adelante ni hacia atrás. Deberá mantenerse erguido y centrar la atención en el interior. Los hombros deberán estar relajados, en su posición natural, y la cabeza no deberá inclinarse ni hacia adelante ni hacia atrás, ni hacia un lado ni hacia el otro. La nariz se encontrará alineada con el ombligo, los dientes y los labios deberán permanecer en su posición natural, con la lengua tocando el cielo del paladar. La respiración deberá ser suave, calmada y silenciosa; así, sin esfuerzo ni irregularidades, el yogui inspirará y espirará con naturalidad, lenta e imperceptiblemente.

La meditación de la calma mental deberá practicarse en primer lugar. La calma mental es el estado mental que nos libera de la distracción causada por los objetos externos y nos conduce espontánea y continuamente hacia el objeto de meditación, con felicidad y agilidad.

Se llama visión superior a lo que, partiendo de un estado de calma mental, examina con cuidado la esencia. El *Sutra de las nubes de joyas* dice: «La meditación de la calma mental es una mente concentrada en un punto; la visión superior permite hacer análisis exactos de lo último».

Y según el *Sutra que revela el pensamiento*: «Maitreya preguntó:

»—Oh, Buda ¿cómo [los practicantes] pueden adentrarse a fondo en la meditación de la calma mental y convertirse en expertos en la visión superior?

»El Buda respondió:

»—Maitreya, he impartido a los bodhisattva las enseñanzas siguientes: los sutra, las alabanzas melodiosas, las enseñanzas proféticas, las enseñanzas versificadas, las instrucciones especiales, las expresiones de realización, las leyendas, la historia de mis nacimientos, las enseñanzas desarrolladas, las enseñanzas maravillosas y las instrucciones de la doctirna establecida. Los bodhisattva deberán escuchar cuidadosamente estas enseñanzas, recordar sus contenidos y adiestrarse en recitarlas y examinarlas a fondo intelectualmente. Con una perfecta comprensión, deberán ir a lugares retirados, reflexionar sobre las enseñanzas y continuar meditándolas. Deberán concentrarse únicamente y de manera continua en los temas que ya han examinado. Esto se llama el compromiso mental.

»Cuando la mente se ha introducido así, de manera repetida, y se ha establecido una flexibilidad física y mental, estamos ante la calma mental. Así es como los bodhisattva buscan correctamente el estado donde la mente reposa calmadamente.

»Cuando el bodhisattva ha obtenido la agilidad física y mental y se mantiene concentrado, elimina la distracción mental. El fenómeno que ha contemplado como objeto de concentración interior unificante debería entonces ser analizado y considerado como un reflejo. Este reflejo o imagen, objeto de la concentración unificada, debería ser objeto de un examen minucioso en tanto que objeto de conocimiento. Debería ser estudiado con detalle y examinado a fondo. Practicad la paciencia y encontrad placer en ella. Con la ayuda de un análisis adecuado, observadlo y comprendedlo. A esto se le llama visión superior. De esta forma los bodhisattva llegan a ser más capaces en los métodos de la visión superior».

Los yoguis que buscan la manifestación de una mente que reposa en calma deberían ante todo concentrarse estrictamente en el hecho de que las doce colecciones de escrituras —los sutra, las alabanzas melodiosas y el resto de las escrituras— se resumen en lo que lleva, ha llevado y llevará a la esencia.

Una de las maneras de proceder a esta meditación consiste en fijar estrictamente la mente sobre los agregados físicos y mentales, objeto que incluye el conjunto de los fenómenos. Otra manera consiste en fijar la mente sobre una representación del Buda. El *Sutra rey del recogimiento meditativo* dice:

> Con un cuerpo de resplandor dorado
> el señor del universo es de una extrema belleza.
> Del bodhisattva que fija su mente en este objeto
> se dice que está en la absorción meditativa.

Fijad de esta manera la mente sobre el objeto de vuestra elección y cuando lo hayáis hecho, no ceséis en vuestro cometido. Habiendo fijado así la mente, examinadla y comprobad si está correctamente concentrada sobre el objeto. Verificad también [que no haya] torpeza y observad si se distrae con objetos exteriores.

Si sentís que la somnolencia o la torpeza mental sobrecarga vuestra mente, o si teméis que esta pesadez se manifieste, deberíais dirigir vuestra atención a un objeto sumamente agradable, como una representación del Buda o la idea de la luz. Una vez se haya disipado la torpeza por este procedimiento, la mente debería esforzarse por ver el objeto muy claramente.

Deberíais apercibiros de que la pesadez está presente cuando la mente no puede ver claramente su objeto, cuando os sentís como ciegos o como si estuvierais en un lugar oscuro o con los ojos cerrados. Si mientras meditáis vuestra mente se fija en las características de objetos exteriores, como su forma, o bien dedica su atención a otros fenómenos, o se distrae por el deseo de un objeto ya experimentado, o incluso si sospecháis que se va a caer en la distracción, reflexionad sobre el hecho de que todos los fenómenos compuestos son no permanentes. Pensad en el sufrimiento o en cualquier otro tema susceptible de calmar vuestra mente.

Este proceso debería eliminar la distracción, y con la ayuda de la cuerda de la atención y la vigilancia deberíais atar la mente al árbol del objeto mediativo. Cuando sintáis que la mente se ha desprendido de la torpeza y de la agitación y que permanece naturalmente sobre el objeto, podréis atenuar vuestros esfuerzos y manteneros neutros mientras permanezca así.

Deberíais comprender que la calma mental se hace realidad cuando disfrutáis de la agilidad física y mental debida a una larga costumbre de meditación, y cuando la mente ha alcanzado el poder de mantenerse sobre el objeto que elige.

Tras haber dominado la calma mental, meditad sobre la visión superior, pensando como sigue: «Todas las enseñanzas del Buda son perfectas y revelan directa o indirectamente la esencia, llevando hacia ella con la mayor claridad. Si comprendo la esencia, estaré liberado de las trampas de las falsas visones, lo mismo que las tinieblas se disipan cuando aparece la luz. Una simple meditación de la calma mental no tiene el poder ni de purificar la conciencia clara primordial ni de eliminar las tinieblas de la oscuridad. Si medito correctamente con ayuda de la sabiduría sobre la esencia, la conciencia clara primordial quedará purificada. Solamente con la sabiduría podré aprehender la esencia. Solamente la sabiduría me permitirá erradicar la oscuridad. Por lo tanto, emprendiendo la meditación de la calma mental, investigaré la esencia con sabiduría y no me contentaré solamente con la calma mental».

¿Qué es la esencia? Es la naturaleza de todos los fenómenos que consiste en permanecer en lo último vacíos del ser de la persona y del ser de los fenómenos. Se aprehende gracias a la perfección de sabiduría, no de otra manera. Se lee en el *Sutra que revela el pensamiento*:

—Oh, Tathagata, ¿por medio de qué perfección comprenden los bodhisattva la ausencia de identidad de los fenómenos.

—Avalokiteshvara, se comprende por medio de la perfección de sabiduría.

Por lo tanto, meditad sobre la sabiduría cuando entréis en la calma mental.

Los yoguis deberían proceder en su análisis como sigue: no se puede constatar la presencia de una persona separada de sus agregados mentales y físicos, de los elementos y de los poderes de los sentidos. Tampoco hay nadie cuya naturaleza sean los agregados, porque la esencia de los agregados y de los demás elementos es la multiplicidad y la no permanencia. Hay quien ha caracterizado a la persona como permanente y singular. La persona en tanto que fenómeno sólo puede existir como único o múltiple, ya que no hay ninguna otra manera de existir. Por lo tanto, debemos concluir que la afirmación mundana del «yo» y de lo «mío» es un completo error.

La meditación sobre la inexistencia del ser de los fenómenos debería también seguir esta línea: todos los fenómenos, por decirlo así, pueden ser incluidos en los cinco agregados, las doce fuentes de las percepciones y los dieciocho elementos. Los aspectos físicos de los agregados, las fuentes de las percepciones y los elementos no son, en el sentido último, nada más que aspectos de la mente. Por eso, cuando se reducen a partículas sutiles y se examina la naturaleza individual de dichas partículas sutiles, no se puede encontrar ninguna naturaleza definida.

En el sentido último, la mente tampoco puede ser real. ¿Cómo la mente, que solamente aprehende la naturaleza engañosa de las formas físicas y otros fenómenos, y que aparece bajo los aspectos más variados, podría ser real? Las formas físicas y otros fenómenos son engañosos, pero la mente no existe separadamente de las formas físicas y todo lo demás, que son ilusorios, así que también ella es ilusoria. Las formas físicas y los demás fenómenos poseen aspectos variados y su identidad no es ni una ni múltiple. Pasa lo mismo con la mente, que no es diferente de ellas: su identidad tampoco es ni una ni múltiple. Por lo tanto, por su naturaleza, la mente es como una ilusión.

Analizad y comprobad que, al igual que la mente, los fenómenos son en su naturaleza semejantes a una ilusión. De esta manera, cuando se examina con precisión la identidad de la mente por medio de la sabiduría, se percibe que, al nivel último, no está ni en el interior ni en el exterior. No es percibida tampoco en ausencia de ambos. No se perciben ni la mente del pasado ni la del futuro ni siquiera la del presente. Cuando la mente nace, no viene de ninguna parte, y cuando cesa no va a ninguna parte, puesto que no es perceptible, es indemostrable y carece de realidad física. A la pregunta: «¿Cuál es la esencia que no puede ser percibida, es indemostrable y carece de realidad física?», la *Pila de joyas* responde: «Oh Kashyapa, cuando se investiga minuciosamente la mente, no se la puede encontrar. Lo que no se puede encontrar no puede ser percibido. Y lo que no es percibido no es ni pasado, ni futuro, ni presente». Con el uso de este análisis no se ve de manera última el comienzo de la mente, no se ve de manera última el fin de la mente y no se ve de manera última el centro de la mente.

Se trata de comprender que ninguno de los fenómenos tiene ni fin ni centro, del mismo modo que la mente no tiene ni fin ni centro. Al saber que la mente no tiene ni fin ni centro, no se percibe ninguna identidad de la mente. Lo que la mente aprehende en su totalidad, lo aprehende también como vacío. Al aprehender, la verdadera identidad, es decir, el aspecto de la mente, no se percibe de manera última, a semejanza de la identidad de las formas físicas y demás. De este modo, cuando una persona, con ayuda de la sabiduría, no ve de forma última ninguna identidad en ningún fenómeno, no emprenderá más análisis para descubrir si las formas físicas son permanentes o transitorias, vacías o no vacías, puras o impuras, acontecidas o no acontecidas, existentes o no existentes. Lo mismo que no examinará las formas físicas, no examinará ni las sensaciones, ni las percepciones, ni los factores de composición, ni la conciencia. Cuando el objeto no existe, sus características tampoco, ¿cómo, pues, podrían examinarse?

De este modo, cuando el practicante no aprehende con firmeza la esencia de una cosa como existente en el último nivel, tras haberla examinado con sabiduría, entra en una concentración unificada y no conceptual. Así es cómo se aprehende la ausencia de realidad de todos los fenómenos.

Los que no meditan con sabiduría analizando con precisión la esencia de las cosas, sino que se contentan con meditar sobre la eliminación de la actividad mental, no pueden sustraerse a los pensamientos conceptuales. También se hallan ante la imposibilidad de aprehender la ausencia de identidad, ya que les falta la luz de la sabiduría. Si el fuego de la conciencia que conoce los fenómenos tal como son proviene del análisis individual de la esencia, entonces, del mismo modo que el fuego se produce frotando la madera, arderá la leña de los pensamientos conceptuales. Así habló el Buda.

Las *Nubes de joyas* dicen también: «Los que son capaces de discernir los errores entran en el yoga de la meditación sobre el vacío con el fin de desembarazarse de todas las elaboraciones conceptuales. Cuando estas personas, mediante su meditación repetida sobre el vacío, investigan escrupulosamente el objeto que entretiene y distrae la mente, así como la identidad de dicho objeto, aprehenden su vacío. Cuando examinen a su vez la misma mente, comprenderán que está vacía. Y cuando investiguen sistemáticamente la identidad de lo que es comprendido por esa mente también lo considerarán vacío. A través de semejante aprehensión se entra en el yoga sin signos». Así es como sólo quienes han emprendido un análisis completo pueden abordar el yoga sin signos.

Se ha explicado muy claramente que por la simple eliminación de la actividad mental, sin examinar la identidad de las cosas con ayuda de la sabiduría, no es posible comprometerse en una meditación no conceptual. La concentración se aplica después de que se haya analizado perfectamente y con sabiduría la verdadera identidad de cosas como las formas físicas y otras, y no mediante la mera concentración en esas formas. La concentración tampoco se hace efectiva yendo a horcajadas entre este mundo y el del más allá, porque entonces las formas físicas y otros fenómenos no son percibidos. A eso se le llama concentración sin apoyo.

[Este tipo de meditante] será un meditante de la sabiduría suprema, pues habiendo examinado con precisión la identidad de todas las cosas con ayuda de la sabiduría, no habrá percibido nada. Así lo dicen el *Sutra del tesoro del espacio*, el *Sutra de la joya de la corona* y otros textos.

De esta manera, penetrando en la esencia de la inexistencia del ser de las personas y de los fenómenos, quedáis libres del concepto y del análisis, pues no hay nada que examinar a fondo ni que observar. Y libres ya de cualquier expresión, y con una absorción mental unificada, penetrad en la meditación automáticamente y sin esfuerzo. Meditad muy claramente sobre la esencia y reposad en su seno. Y, mientras permanecéis en esta meditación, la continuidad de la mente no debería estar sujeta a distracción. Cuando la mente está distraída por objetos exteriores a causa del apego o de otras razones, hay que detectarlo y mitigar rápidamente esa distracción, meditando sobre el aspecto insidioso de dichos objetos, para después encauzar la mente hacia la esencia.

Si la mente se revelara poco propensa a hacerlo, reflexionad sobre las ventajas de una concentración unificada y gustad del placer de meditar. Se podrá así amortiguar la falta de inclinación a contemplar los defectos de la distracción.

Si las funciones de la mente se oscurecieran, si ésta comenzara a atascarse o si corriera el riesgo de venirse abajo debido al agobio causado por la torpeza o el sueño, será preciso, como antes, esforzarse rápidamente por vencer tal pesadez concentrando la mente en temas de naturaleza gozosa. Después, habría que concentrarse muy estrictamente en la esencia del objeto. De vez en cuando, siempre que se observe que la mente está agitada o tentada de distraerse recordando los buenos momentos de antaño con sus risas y sus juegos, entonces, como en los casos precedentes, mitigad la distracción reflexionando sobre temas como la no permanencia, que os ayudarán a dominar la mente. Haced después un nuevo esfuerzo por concentrar la mente en la esencia, sin aplicarle más antídotos.

Si, libre de cualquier postración y de cualquier agitación mental, la mente penetra espontáneamente en la meditación sobre la esencia, deberíais dejarla en su estado natural y relajar vuestros esfuerzos. Si se realiza un esfuerzo mientras la mente se encuentra en un estado de equilibrio meditativo, se distraerá. Pero si el esfuerzo no se realiza cuando la mente pesa, se comportará como un ciego a causa de una extrema inercia y no alcanzaréis la visión superior. Cuando la mente pese, haced un esfuerzo, y cuando estéis absortos [en la meditación], relajaos. Si, al meditar sobre la visión superior, se engendra una sabiduría excesiva y la calma empieza a debilitarse, la mente vacilará como una lámpara de aceite expuesta al viento y eso os impedirá percibir la esencia con claridad. En ese momento meditaréis sobre la calma mental. Y cuando la calma mental se torne excesiva, meditad sobre la sabiduría.

Cuando practiquéis las dos [meditaciones] de manera equilibrada, mantenedlas sin esfuerzo hasta que se manifieste una incomodidad física o mental. Si aparece una molestia física o mental, considerad el conjunto del mundo como una ilusión, un espejismo, un sueño, un reflejo de la luna en el agua o una aparición. Pensad entonces: «Si los seres sufren tanto en el ciclo de las existencias es porque no comprenden esta profunda sabiduría». Después desarrollad una gran compasión y el espíritu del despertar de la bodhichitta, pensando: «Me esforzaré sin descanso en ayudarles a comprender la esencia». Entonces, reposad un poco. Después, de nuevo y de la misma manera, entrad en una concentración unificada sobre la no apariencia de todos los fenómenos. Si la mente está abatida, reposad de nuevo. Tal es la vía para abordar la unión de la meditación de la calma mental y de la visión superior, en la que la concentración sobre la imagen tan pronto es conceptual como carente de conceptos.

Durante su progresión, el yogui debería meditar sobre la esencia durante una hora o media sesión por la noche, o una sesión entera mientras se sienta cómodo. La estabilidad meditativa es lo que hace discernir completamente lo último, tal como enseña el *Sutra del descenso a Lanka*. Luego, si queréis dejar la concentración, pensad de este modo mientras vuestras piernas siguen cruzadas: «Aunque en lo último todos los fenómenos estén desprovistos de identidad, existen definitivamente en el nivel convencional. Si no fuera ése el caso, ¿cómo prevalecerían las relaciones de causa-efecto? También dijo el Buda:

> Las cosas acontecen convencionalmente,
> pero en lo último están desprovistas de identidad propia.

»Los seres, con una actitud infantil, exageran la importancia de los fenómenos al pensar que tienen una identidad propia y, sin embargo, carecen de ella. El hecho de atribuir una existencia intrínseca a todas las cosas que están desprovistas de ella turba su mente y les hace ir errantes por el ciclo de las existencias durante largo tiempo. Por estas razones, me esforzaré sin flaquear en obtener el estado omnisciente, logrando las aprehensiones insuperables del mérito y la sabiduría, con el fin de ayudarles a aprehender la esencia».

Después, lentamente, descruzad las piernas y postraos ante el Buda y los bodhisattva de las diez direcciones. Hacedles ofrendas y cantadles alabanzas. Y efectuad largas plegarias recitando la *Oración de la noble conducta* y otras. Luego, merced a esfuerzos conscientes, llevad a buen término las acumulaciones de mérito y de sabiduría practicando la generosidad y demás perfecciones que se sustentan en la esencia del vacío y en la gran compasión.

Si actuáis así, la estabilización de vuestra meditación desembocará en el vacío que presenta la mejor de todas las cualidades. El *Sutra de la joya de la corona* dice: «Revestidos con la armadura del amor benévolo y persistiendo en la gran compasión, practicad la estabilidad meditativa que revela el vacío dotado de la mejor de todas las cualidades. ¿Qué es el vacío dotado de la mejor de todas las cualidades? Es aquel vacío que no está separado de la generosidad, de la ética, de la paciencia, del esfuerzo, de la estabilización meditativa, de la sabiduría ni de los medios más idóneos». Los bodhisattva deben apoyarse en prácticas virtuosas como la generosidad a modo de medios que permitan hacer madurar completamente a todos los seres, y con el fin de lograr el lugar perfecto el cuerpo perfecto, y un cortejo numeroso.

Si no fuera así, ¿cuáles serán las causas de tierras como las tierras de los budas de las que el Buda habló? La sabiduría omnisciente, dotada de la mejor de todas las cualidades puede ser alcanzada por medio de la generosidad y de otros de los medios más idóneos. Por lo tanto, el Buda dijo que la sabiduría omnisciente se logra por medio de la generosidad y de otros medios más idóneos. Por eso los bodhisattva deberían también cultivar la generosidad y los medios más idóneos y no solamente el vacío.

El *Sutra de la vasta colección de todas las cualidades*, dice también:

—Oh, Maitreya, los bodhisattva cumplen completamente las seis perfecciones con el fin de alcanzar el fin último de la condición de buda. Pero a esto los necios responden: los bodhisattva deberían sólo adiestrarse en la perfección de la sabiduría, ¿para qué el resto de las perfecciones? Niegan así las otras perfecciones. Maitreya, ¿qué opinas de eso? Cuando el rey de Kashi ofreció al halcón su carne para salvar a una paloma, ¿era eso falta de sabiduría?

—No, no lo era —respondió Maitreya.

El Buda prosiguió:

—Maitreya, los bodhisattva acumulan las causas de sus méritos gracias a sus acciones conjuntas en las seis perfecciones. ¿Son nocivas esas fuentes de mérito?

—Oh, Buda, no es así, respondió Maitreya.

El Buda prosiguió:

—Maitreya, tú también has practicado correctamente la perfección de la generosidad durante sesenta kalpas, la perfección de la ética durante sesenta kalpas, la perfección de la paciencia durante sesenta kalpas, la perfección del esfuerzo entusiasta durante sesenta kalpas, la perfección de la estabilidad meditativa durante sesenta kalpas y la perfección de la sabiduría durante sesenta kalpas. A esto, los necios responden: hay una sola y única manera de alcanzar la condición de buda y esta manera es la del vacío. Su práctica es completamente errónea.

Un bodhisattva dotado de sabiduría pero desprovisto de los medios más idóneos sería parecido a un oyente, incapaz de implicarse en las obras de los buda. No obstante, sí podrá hacerlo si tiene el sostén de los medios más capaces. Como se dice en la *Pila de joyas*: «Kashyapa, [la sabiduría del bodhisattva] es como los reyes, que están apoyados por sus ministros y pueden así ver cumplidos todos sus deseos. De manera similar, [cuando] la sabiduría de un bodhisattva tiene el total apoyo de los medios más idóneos, el bodhisattva puede cumplir todas las actividades de un buda». La visión filosófica de la vía de los bodhisattva es una cosa, y las vías filosóficas de los no budistas y los oyentes, otra. Por ejemplo, el hecho de que la vía filosófica de los no budistas persista notablemente en admitir un ser [realmente existente], hace que para nosotros esa vía esté totalmente alejada de la sabiduría. Por eso no pueden alcanzar la liberación.

Los oyentes están privados de la gran compasión y desprovistos de los medios más idóneos. Por lo tanto, únicamente se esfuerzan en ganar el nirvana. En su vía, los bodhisattva engarzan la sabiduría y los medios más idóneos, de manera que se esfuerzan por alcanzar el nirvana no estático. La vía de los bodhisattva aúna la sabiduría y los medios más idóneos, y por eso ellos alcanzan el nirvana no estático. Gracias al poder de la sabiduría, no caen en el ciclo de las existencias; gracias al poder de los medios más idóneos, no caen en el nirvana.

El *Sutra de la colina de Gaya* dice: «En pocas palabras, la vía de los bodhisattva es doble. Comprende los medios más idóneos y la sabiduría». Y el *Primero entre los supremos y gloriosos* dice también: «La perfección de la sabiduría es la madre, y la experiencia en los medios más idóneos, el padre».

La enseñanza de Vimalakirti nos dice también: «¿Qué es la esclavitud para los bodhisattva y qué es la liberación? El mantenimiento de una vida despojada de los medios más idóneos en el ciclo de las existencias es una esclavitud para los bodhisattva, pero llevar una vida provista de los medios más idóneos en el ciclo de las existencias es una liberación. Mantener una vida desprovista de sabiduría en el ciclo de las existencias es una esclavitud para los bodhisattva, pero llevar una vida dotada de sabiduría en el ciclo de las existencias es una liberación. La sabiduría que no está unida a los medios más idóneos es una esclavitud, pero la sabiduría unida a los medios más idóneos es una liberación. Los medios más idóneos separados de la sabiduría son una esclavitud, los medios más idóneos unidos a la sabiduría son una liberación».

Si un bodhisattva no cultiva más que la sabiduría, caerá en el nirvana que anhelan por los oyentes. Es parecido a una esclavitud. Y no alcanzará la liberación del nirvana no estático. Así pues, la sabiduría separada de los medios más idóneos es una esclavitud para los bodhisattva. En consecuencia, así como una persona helada por el frío viento busca reconfortarse cerca del fuego, así el bodhisattva cultiva la sabiduría del vacío junto con los medios más idóneos para disipar el viento de las visiones falsas, [pero] no [se esfuerza] en manifestarla, como hacen los oyentes. El *Sutra de las diez cualidades* dice: «Oh, hijo de noble familia, es como una persona devota del fuego, que lo que respeta y lo considera su guru. No se dice a sí mismo: puesto que lo respeto, lo honro y lo venero, sostendré el fuego entre mis manos. Porque se da cuenta de que obrar así le causaría un gran dolor físico y una gran desazón interior. De la misma manera, un bodhisattva es consciente del nirvana, pero no intenta actualizarlo, porque se da cuenta de que hacerlo le desviaría del despertar».

Si se apoya solamente en los medios más idóneos, el bodhisattva no trascenderá el nivel ordinario y por lo tanto permanecerá en la esclavitud. Por eso cultiva los medios más idóneos junto con la sabiduría. Merced al poder de la sabiduría, los bodhisattva pueden incluso transformar las emociones aflictivas en néctar, como una fórmula mántrica puede hacerlo con un veneno. No es necesario explicar [el carácter benéfico] de la generosidad y de las demás virtudes que conducen naturalmente a los estados más elevados de la existencia.

La *Pila de joyas* dice: «Kashyapa, es así: a causa del poder del tantra y de la medicina, el veneno puede no causar la muerte. De igual manera, ya que las emociones aflictivas de los bodhisattva están bajo el control de la sabiduría, no pueden provocar su caída. Por lo tanto, gracias al poder de los medios más idóneos, los bodhisattva no abandonan el ciclo de las existencias; no caen en el nirvana. Gracias al poder de la sabiduría, eliminan todos los objetos concebidos erróneamente como realmente existentes y, por lo tanto, no caen en el ciclo de las existencias. Alcanzan el nirvana no estático de la condición única de buda». El *Sutra del tesoro del espacio* dice también: «A causa del conocimiento de la sabiduría, los bodhisattva eliminan todas las emociones aflictivas, y debido a su conocimiento de los medios más idóneos, no abandonan a los seres». El *Sutra que revela el pensamiento* dice también: «No he enseñado que quien no se siente concernido por el bien de los seres y no tiene inclinación para aprehender la naturaleza de todos los fenómenos compuestos alcanzará la condición de buda insuperable y perfectamente concluida». Por lo tanto, los que tienen como objetivo la condición de buda deben cultivar a la vez la sabiduría y los medios más idóneos.

Mientras meditáis sobre la sabiduría trascendente, o cuando estáis en un profundo recogimiento meditativo, no podéis aplicar los medios más idóneos, como la práctica de la generosidad; sólo pueden ser cultivados al mismo tiempo que la sabiduría durante los períodos preparatorios y posmeditación. Es la manera de entrar simultáneamente en la sabiduría y en los medios más idóneos.

Además, es la vía por la que los bodhisattva aúnan la práctica de la sabiduría y los medios más idóneos. Se trata de cultivar la vía trascendente que está completamente impregnada de una gran compasión dirigida hacia el conjunto de los seres. Así, y mientras ponéis en marcha los medios más idóneos tras haber salido del recogimiento meditativo, practicáis la generosidad y los demás métodos sin ningún error, como lo haría un mago. Se dice en el *Sutra de la enseñanza de Akshayamati*: «¿Cuáles son los medios más idóneos de un bodhisattva y qué tipo de sabiduría manifiesta? Los medios más idóneos del bodhisattva consisten en pensar y en concentrar la mente, con precisión y gran compasión, sobre los seres en el curso del recogimiento meditativo. Y la entrada en la estabilidad meditativa que se hace en paz, en una paz extrema, es la sabiduría». Las referencias de este tipo son muy numerosas. El *Sutra sobre el capítulo sobre el control de las fuerzas malévolas* dice también: «Además, las actividades perfectas del bodhisattva consisten en los esfuerzos conscientes del espíritu de la sabiduría y en la reunión de todos los dharma meritorios por el espíritu de los medios más idóneos. El espíritu de la sabiduría lleva también a la inexistencia del ser, la ausencia de existencia en sí de los seres, de la vida, de su soporte y de la persona. Y el espíritu de los medios más idóneos lleva a todos los seres hacia la completa madurez». En cuanto al *Sutra de la reunión completa de todas las cualidades*, dice:

Como un mago que se esfuerza
en dejar que su creación adquiera autonomía,
sabiendo de antemano cuál es la naturaleza de su creación,
no manifiesta ningún apego hacia ella.

190

De igual manera, los tres ámbitos son como una ilusión,
lo que Buda el sabio sabía
desde hace mucho tiempo y antes de conocer a los seres de los mundos
y disponerse a ayudarles.

A causa de la práctica de la sabiduría y de los medios más idóneos de los bodhisattva, se dice: en sus actividades, permanecen en el ciclo de las existencias, pero en su pensamiento habitan en el nirvana.

De este modo, acostumbraos a la generosidad y a los demás medios más capaces dedicados al despertar insuperable y perfectamente concluido, preservando la esencia del vacío y de la gran compasión. Con el fin de engendrar el espíritu del despertar último de la bodhichitta como se ha hecho antes, practicad la meditación de la calma mental y la visión superior tanto como os sea posible, en sesiones regulares. Como se enseña en el *Sutra del campo puro del compromiso*, familiarizaos constantemente con los medios más idóneos concentrando vuestra atención en las excelentes cualidades del bodhisattva que obran por el bien de los seres en todo momento.

De esta manera, aquellos que estén familiarizados con la compasión, los medios más idóneos y el espíritu del despertar de la bodhichitta destacarán sin ninguna duda en esta vida. Contemplarán sin cesar en sus sueños a los buda y los bodhisattva y se les aparecerán todo tipo de temas agradables. Los dioses agradecidos les protegerán y acumularán a cada instante inmensas cantidades de méritos y aprehensiones. Las emociones aflictivas y cualquier tipo de malos estados de la existencia serán purificados. Gozaréis de mucha felicidad y de paz mental en todo momento y un gran número de seres os querrán. Físicamente, también estaréis libres de enfermedades. Alcanzaréis una suprema destreza mental, lo que os permitirá adquirir cualidades mentales tales como la clarividencia.

Entonces, gracias a milagrosos poderes, viajarás a innumerables mundos, haciendo ofrendas a los buda y escuchando sus enseñanzas. En el momento de morir, también verás, a buen seguro, a los buda y los bohisattva. En tus vidas futuras, renacerás en familias y lugares excepcionales donde nunca estarás privado de la compañía de los buda y de los bodhisattva. Así es como conseguirás sin ningún esfuerzo todas las acumulaciones de méritos y de sabiduría. Gozarás de gran prosperidad, de grandes amistades y de numerosos ayudantes. Dotado de una aguda inteligencia, serás capaz de hacer madurar la mente de numerosos seres. En todas sus vidas, tal persona podrá recordar sus vidas pasadas. Intentad comprender las ventajas inconmensurables que otros sutra también describen.

De esta manera, si meditáis largamente y con dedicación sobre la compasión, los medios más idóneos y el espíritu del despertar de la bodhichitta, la corriente de vuestra mente acabará por estar toralmente purificada y llegará a la madurez. Entonces, al igual que se produce fuego frotando dos palos de madera uno contra otro, concluiréis vuestra meditación sobre la realidad perfecta. Obtendréis de este modo un conocimiento extremadamente claro de la esfera de los fenómenos, libre de toda elaboración conceptual, la sabiduría trascendente liberada de las redes del pensamiento conceptual. Esta sabiduría de la bodhichitta última es inmaculada, a imagen de una lámpara de aceite inmutable que ya no vacila con el viento. Tal mente anclada en la bodhichitta última se integra en la vía de la visión en la que se aprehende la naturaleza desprovista del ser en sí de todos los fenómenos. Gracias a este logro, accederéis a la vía centrada en la realidad de las cosas y naceréis entonces en la familia de los tathagata. Penetraréis en el estado inmaculado de un bodhisattva apartándoos de todos los nacimientos errantes y, al instalaros en la esencia de los bodhisattva, alcanzaréis la primera tierra de los bodhisattva. Encontraréis más detalles sobre estas ventajas en otros textos, tales como *Las diez tierras espirituales*.

Así es como el *Sutra del descenso a Lanka* enseña cómo estabilizar la meditación concentrándose en la esencia y así es cómo los bodhisattva penetran en la meditación no conceptual, libre de toda elaboración.

De esta manera, una persona que ha llegado a la primera tierra se familiariza en seguida, en el curso de la vía de la meditación, con las dos sabidurías del estado trascendente, la sabiduría subsiguiente y los medios más idóneos. Así es como purifica poco a poco las más sutiles acumulaciones de oscuridades, que son el objeto de purificación en la vía de la meditación. Y para lograr las más altas cualidades, purifica completamente los niveles mentales inferiores. Todos sus fines y objetivos se cumplen perfectamente cuando entra en la sabiduría trascendente de los tathagata y penetra en el seno del océano de la onmisciencia. Así es como, gracias a una práctica gradual, el flujo de la mente será completamente purificado. El *Sutra del descenso a Lanka* lo explica. También el *Sutra que revela el pensamiento*, cuando se lee: «Para conseguir los niveles más elevados, deberás purificar tu mente, como se refina el oro, hasta que aprehendas la condición de buda insuperable y perfectamente concluida».

Al penetrar en el océano de la omnisciencia, entráis en posesión de cualidades infalibles y semejantes a una joya, que permiten satisfacer a los seres, y que resultan de vuestras oraciones pasadas. El individuo se convierte entonces en la personificación de la compasión, está dotado de una variedad de medios más idóneos que funcionan espontáneamente y obra bajo la forma de emanaciones diversas en beneficio de todos los seres errantes. Además, todos los atributos maravillosos han sido logrados. Con la eliminación completa de todas las impurezas y de su potencial latente, todos los buda se ponen al servicio de cada ser viviente. Realizando esto, desarrollad la fe en los buda, la fuente de todos los conocimientos y todas las cualidades maravillosas. Cada uno de nosotros debería esforzarse por manifestar estas cualidades.

El Buda lo dijo así: «La sabiduría trascendente de la omnisciencia tiene su origen en la compasión y su causa en el espíritu del despertar de la bodhichitta, y se perfecciona con los medios más idóneos».

El sabio se mantiene apartado de la envidia y de las otras manchas;
su sed de conocimiento es insaciable,
parecida al océano.
Gracias al discernimiento, no retiene más que lo que es justo,
a semejanza de los cisnes que extraen la leche del agua,
así los eruditos deberían mantenerse apartados
de las actitudes parciales y de la beatería.
Incluso de un niño
se pueden recibir buenos consejos.
Sean cuales sean los méritos que pueda obtener
por la exposición de esta vía media
los dedico a todos los seres
para que alcancen la vía media.

Así acaba la segunda parte de las *Las etapas de la meditación*, compuesto por el Acharya Kamalashila. Fue traducida y editada en tibetano gracias al esmero del sacerdote indio Prajna Verma y del monje Yeshe De.

Glosario

ACUMULACIONES (dos) (sánscr.: *divisaṃbhāra*; tib.: *tshog-gnyis*). La acumulación de méritos que favorece el progreso y la acumulación de sabiduría que disipa la ignorancia. Estas dos acumulaciones desembocan respectivamente en la obtención del cuerpo absoluto (dharmakaya) y de los cuerpos formales (sambhogakaya, nirmanakaya) de un buda.

AGREGADOS (sánscr.: *pañca skandha*; tib.: *phung-po lnga*). Los cinco componentes del «yo» ilusorio: forma, sensación, percepción, formaciones kármicas y conciencia.

ÁMBITO DE LA FORMA PURA (sánscr.: *rūpadhātu*; tib.: *gzugs-kyi khams*). Uno de los tres ámbitos de existencia samsárica, habitado por dioses con formas sutiles y luminosas.

ÁMBITO DEL DESEO (sánscr.: *kāmadhātu*; tb.: *'dod-pa'i khams*). El ámbito más primario de la existencia samsárica, habitado por los seres de los infiernos, los espíritus ávidos, los animales, los seres humanos, las divinidades locales y secundarias y los dioses del deseo.

ÁMBITO DE LO INFORME (sánscr.: *arūpadhātu*; tib.: *gzugs-med kyi khams*). El ámbito más sutil de la existencia samsárica, habitado por los dioses sin forma, puros espíritus ligados sin embargo a su absorción meditativa.

ANTÍDOTO (tib.: *gnyen-po*). Práctica para contrarrestar un defecto o una pasión específica.

APARIENCIA (tib.: *snang-ba*). El modo de aparición de los fenómenos en la realidad convencional. La apariencia de un fenómeno no es su realidad absoluta, que es el vacío.

ARHAT (tib.: *dgra-bcom-pa*). «El que ha vencido al enemigo de las pasiones», estadio de realización en los vehículos fundamentales del Hinayana.

BODHICHITTA (tib.: *byang-chub sems*). El espíritu del despertar. Se distingue entre bodhichitta convencional o compasión y bodhichitta absoluta, en la que se obtiene la aprehensión del vacío. En la bodhichitta convencional o relativa, se cultiva la bodhichitta de aspiración, donde se engendra la compasión por el prójimo merced al pensamiento y los cuatro ilimitados (amor, compasión, alegría, ecuanimidad), y la bodhichitta de acción en la que se ponen en práctica las seis perfecciones o paramita.

BODHISATTVA (tib.: *byang-chub sems-dpa'*). «Héroe del espíritu del despertar», término que distingue a quienes cultivan la bodhichitta, es decir, los que aspiran al despertar para obrar por el bien de los seres vivientes.

BUDA (tib.: *sangs-rgyas*). Un buda perfecto es un ser plenamente despierto. Ha purificado (tib.: *sangs*) todas las pasiones y desarrollado (tib.: *rgyas*) todas las cualidades. Así pues, el estado de buda es un estado integral y perfecto, despojado de todo condicionamiento y de todo sufrimiento, y omnisciente.

CALMA MENTAL (sánscr.: *śamatha*; tib.: *zhi-gnas*). La práctica de meditación destinada a calmar los pensamientos y las emociones perturbadoras por la atención a un objeto de fijación (respiración, objeto, letra, imagen, etc.).

CAMPO PURO (sánscr.: *buddhaksetra*; tib.: *zhing-khams*). Se dice de una dimensión espiritual o de una esfera pura creada por un buda en la que los seres tienen la posibilidad de progresar sin obstáculos hacia el despertar.

CICLO DE LAS EXISTENCIAS. *Véase* samsara.

CINCO VÍAS (sánscr.: *pañcamārga*; tib.: *lam-lnga*). Las cinco vías de la progresión de un bodhisattva: la vía de acumulación (que empieza con la asunción de voto del bodhisattva), la vía de la preparación, la vía de la visión (cuando se convierte en un aryabodhisattva aprehendiendo directamente el vacío y alcanza la primera tierra), la vía de la meditación (cuando elimina los oscurecimientos sutiles y progresa de la segunda a la décima tierra) y la vía en la que no tiene nada más que aprender, cuando alcanza el despertar perfecto de un buda.

COMPASIÓN (sánscr.: *karuṇā*; tib.: *snying-rje*). Desde un punto de vista general, el deseo sincero de aliviar el sufrimiento del prójimo y la acción que se pone en práctica para conseguirlo.

CONCENTRACIÓN (sánscr.: *dhyāna*; tib.: *bsam-gtan*). Práctica de meditación en la que la mente está fijada sobre un objeto sin distracción. Concentración no es aquí sinónimo de crispación. Se trata de una concentración de la atención acompañada de un descanso de la mente. Se habla de concentración unificadora cuando la conciencia se fija en un único punto (sánscr.: *ekāgratā*; tib.: *rtse-gcig*). Existen ocho niveles de concentración o de absorción meditativa: cuatro en el ámbito de la forma pura y cuatro en el ámbito de lo sin forma. Todos son mundanos, es decir, que pueden ser experimentados tanto por los meditantes budistas como por los no budistas y no liberan del samsara. El arhat y el bodhisattva no deben detenerse en ellos, sino sobrepasarlos para alcanzar la liberación.

CUATRO ILIMITADOS (tib.: *tshad-med bzhi*). El amor inconmensurable, la compasión inconmensurable, la alegría inconmensurable y la ecuanimidad inconmensurable.

DESPERTAR (sánscr.: *bhodi*). *Véase* buda.

DHARMA (tib.: *chos*). Término que comprende diez sentidos, de los cuales dos son esenciales: 1) los fenómenos, 2) la enseñanza del Buda que concierne a la naturaleza esencial de los fenómenos, la verdad (sánscr.: *Buddhadharma*) y la vía que lleva a ella.

DIEZ TIERRAS (sánscr.: *daśabhūmi*; tib.: *sa-bcu*). Las diez etapas de progresión desde el momento en el que el bhodisattva aprehende el vacío hasta el perfecto despertar.

DIOSES (sánscr.: *deva*; tib.: *lha*). Uno de los modos de existencia superior en el samsara. Existen dioses del ámbito del deseo, otros del ámbito de la forma pura y por último, del ámbito de lo sin forma. Estos seres en la cima del samsara no están menos sometidos al karma. No confundir con las deidades tantra (tib.: *yi-dam lha*).

DOBLE OBJETIVO (sánscr.: *dvārtha*; tib.: *don-gnyis*). El doble objetivo consiste en alcanzar el despertar en sí mismo para obrar eficazmente el bien y procurar la liberación del prójimo.

DOS REALIDADES (sánscr.: *dvasatya*; tib.: *bden-gnyis*). La realidad última de los fenómenos, su vacío (sánscr.: *paramārthasatya*; tib.: *don-dam bden-pa*), y la realidad convencional o que recubre, la apariencia (sánscr.: *saṃvṛtisatya*; tib.: *kun-rdzob bden-pa*).

ECUANIMIDAD (sánscr.: *upekṣa*; tib.: *stang-snyoms*). En la enseñanza sobre la compasión, convicción de que todos los seres, incluidos nosotros mismos, son iguales en la ilusión y el sufrimiento y tienen todos el potencial de despertarse, mereciendo todos igual compasión por nuestra parte, sin parcialidad.

EMOCIONES AFLICTIVAS (sánscr.: *kleśa*; tib.: *nyon-mong lnga*). Se dice de factores mentales susceptibles de oscurecer la conciencia, de inducir a la formación de karma negativo y por lo tanto de engendrar sufrimiento. Las tres principales, los tres venenos, son la ignorancia, la cólera y el deseo-apego.

FENÓMENO (sánscr.: *dharma*; tib.: *chos*). Un fenómeno es «lo que aparece». Este término significa toda manifestación aparente tanto del samsara como del nirvana.

IGNORANCIA (sánscr.: *avidyā*; tib.: *ma-rig-pa*). El veneno primero y central de la mente, que provoca el oscurecimiento de la conciencia y la emergencia del dualismo.

KARMA (tib.: *las*), «acción». Designa la ley de las causas y los efectos cuando se refiere a seres sensibles. Todo acto es una causa que será seguida indefectiblemente de un efecto de la misma naturaleza, a mayor o menor plazo. El autor del acto es quien sufre las consecuencias. El karma es el motor de la existencia samsárica.

LIBERACIÓN (sánscr.: *mokṣa*; tib.: *thar-pa*). La emancipación del samsara y por lo tanto el logro del nirvana, es decir, el cese del sufrimiento y de sus causas.

MAHAYANA (sánscr.: *Mahāyāna*; tib.: *theg-pa chen-po*). El gran vehículo, que pone el acento en la compasión, el ideal del bodhisattva y la aprehensión del vacío.

MALOS DESTINOS (tib.: *ngan-song*). Los tres destinos o nacimientos inferiores del samsara, en los que el sufrimiento es más intenso: mundo animal, fantasmas ávidos (sánscr.: *preta*) e infiernos.

MANTRA (tib.: *sngags*). Fórmula sánscrita o de otra lengua mística destinada a ser repetida por el yogui para producir un efecto por la energía del sonido. Mantra significa «lo que protege la mente».

MÁS ALLÁ DEL SUFRIMIENTO. *Véase* nirvana.

MÉRITOS (tib.: *bsod-nams*). Se dice de los actos positivos o virtuosos, acumulados sin deseo egoísta y cuya suma produce la energía positiva necesaria para progresar sin obstáculos en la vía. La segunda acumulación es la de la sabiduría, que purifica la mente (véase *acumulaciones*).

MÉTODOS (o medios idóneos) (sánscr.: *upāya*; tib.: *thabs*). En el marco del Mahayana, la práctica de las cinco primeras perfecciones o paramita: generosidad, disciplina o ética, paciencia, energía y concentración. Esta última hace de puente hacia la sabiduría (prajna), que debe ser unida a las otras cinco perfecciones.

NIRVANA (sánscr.: *nirvāṇa*; tib.: *myang-ngan ’das-pa*). En tibetano significa «más allá del sufrimiento». Cuando se alcanza el despertar, la ilusión se disipa, y con ella, las causas del sufrimiento dejan de operar. Nirvana es lo opuesto de samsara en este sentido, pero son de hecho dos percepciones diferentes de una misma realidad.

OBJETO (tib.: *yul, gzung-ba*). Literalmente, «lo que es percibido» por el sujeto pensante.

OMNISCIENCIA (sánscr.: *sarvajñata*; tib.: *kun-mkhyen*). El estado de buda se caracteriza por la doble omnisciencia: el conocimiento cualitativo de los fenómenos en sus especificidades (tib.: *ji-lta-ba’i mkhyen-pa*) y el conocimiento de los fenómenos en su globalidad (tib.: *ji-snyed-pa’i mkhyen-pa*).

OSCURIDAD (sánscr.: *avaraṇa*; tib.: *sgrib-pa*). Los actos negativos (tib.: *sdig-pa*) originan la oscuridad y velan la conciencia. Existen dos tipos: oscuridad emocional y oscuridad intelectual.

POTENCIALIDADES LATENTES (sánscr.: *vāsanā*; tib.: *bag-chags*). Término que designa las huellas o impregnaciones dejadas por los actos kármicos en la conciencia. Estas huellas se convierten en las simientes en el origen de la maduración del karma y en los condicionamientos posteriores de la existencia samsárica. Cuando un karma llega a la madurez, se sufre el efecto y la simiente desaparece.

PRAJNA (sánscr.: *prajñā*; tib.: *shes-rab*). La sabiduría o conocimiento trascendente, la sexta de las perfecciones o paramita, sin la que ninguna de las otras puede existir. Se trata de un conocimiento intuitivo y tajante, no conceptual, que discierne con claridad la realidad última de los fenómenos.

PRATYEKABUDDHA (tib.: *rang-rgyal*). Los buda-por-sí o «realizados solitarios» que alcanzan el nivel de arhat llamado «unicornio».

PRODUCCIÓN INTERDEPENDIENTE (sánscr.: *pratītyasamutpāda*; tib.: *rten-'brel, 'byung-ba*). Según el budismo todo fenómeno no permanente está unido a otros fenómenos por un juego de causas y efectos. Existen fundamentalmente doce lazos de interdependencia o nidana, que constituyen la cadena de las causas y los efectos.

SAMSARA (sánscr.: *saṃsāra*; tib.: *'khor-ba*). El ciclo de las existencias. Término que abarca todos los modos de existencia vividos bajo la influencia de la ignorancia y del karma y susceptibles de producir sufrimiento. En tanto que el despertar no se actualiza, hay transmigración del principio consciente cargado de huellas kármicas de vida en vida. La vida en el samsara se describe como un vagabundeo sin fin.

SEIS CONCIENCIAS (sánscr.: *ṣaḍ vijñāna*; tib.: *rnam-shes tshogs-drug*). Las seis conciencias de los sentidos, es decir, las conciencias de la vista, el gusto, el oído, el olfato, el tacto y la conciencia mental.

SEIS OBJETOS DE LOS SENTIDOS (sánscr.: *ṣaḍ viṣaya*; tib.: *yul-drug*). Son los objetos perceptibles por cada uno de los sentidos: las formas, los sonidos, los gustos, los olores y los objetos táctiles. Los objetos de la conciencia mental son los dharma o fenómenos mentales.

SEIS SENTIDOS (tib.: *dbang-po drug*). La vista, el oído, el gusto, el olfato, el tacto y el mental.

SER, SER ANIMADO (sánscr.: *sattva*; tib.: *'gro-ba, sems-can*). En el budismo, designa todo ser viviente dotado de una conciencia (los seres humanos y los animales, pero también otras clases de seres invisibles). Esta categoría no incluye a las plantas (vivientes pero no dotadas de conciencia en sí mismas).

SER DE SABIDURÍA (sánscr.: *jñānasattva*; tib.: *ye-shes sems-dpa*). La deidad de sabiduría a la que se invita a fundirse con la deidad de apoyo en las prácticas de visualización de los tantra.

SER DE SAMAYA (sánscr.: *samayasattva*; tib.: *dam-tshig sems-dpa'*). El practicante que se visualiza bajo la forma de la deidad de apoyo en las prácticas de los tantra.

SRAVAKA (sánscr.: *śrāvaka*; tib.: *nyan-thos*). Oyentes, practicantes del Hinayana que se apoyan en la escucha de la enseñanza y la puesta en práctica de las cuatro verdades para alcanzar la liberación del arhat.

SUFRIMIENTO (sánscr.: *duḥkha*; tib.: *sdug-bsngal*). En el sentido budista, el sufrimiento es un malestar creado por el desfase de nuestra existencia en relación con la realidad. Así pues, el sufrimiento es frustración.

SUJETO-OBJETO (tib.: *gzung-'dzin*). «El que percibe y el que es percibido.» La creencia en la existencia real del «yo» implica la percepción del otro, del objeto exterior y la escisión entre ambos.

SUTRA (sánscr.: *sūtra*; tib.: *mdo*). Los textos de los discursos del Buda Sakyamuni, en el Hinayana y el Mahayana.

TANTRA (tib.: *rgyud*). Nombre de los escritos fundamentales del Vajrayana, pero también del Dzogchen, aunque no se trate de una enseñanza tántrica.

TRES ÁMBITOS (sánscr.: *tridhātu*; tib.: *khams-gsum*). Los tres ámbitos del samsara: deseo, forma pura y sin forma.

TRES VUELTAS DE LA RUEDA DEL DHARMA (sánscr.: *tridharmacakra*; tib.: *chos-'khor gsum*). Según el budismo indotibetano, el Buda impartió tres grandes ciclos de enseñanzas a lo largo de su vida, llamados «vueltas de la rueda del Dharma». En la primera vuelta de la rueda, expuso las cuatro nobles verdades y la producción interdependiente. En la segunda vuelta de la rueda, expuso el vacío del ser individual y los fenómenos en la enseñanza de la prajnaparamita. En la tercera vuelta de la rueda, para evitar las interpretaciones nihilistas del vacío, expuso la luminosidad de la mente, las tres naturalezas y la naturaleza de buda o tathatagagarbha.

VACÍO (sánscr.: *śūnyatā*; tib.: *stong-pa-nyid*). Según el Madhyamika, la ausencia de ser en sí de los individuos y la insubstancialidad de los fenómenos. Todos los fenómenos son relativos a otros, por interdependencia. Ninguno tiene existencia autónoma. Lejos de ser una «nada», el vacío no contradice la existencia relativa de los fenómenos, sino que demuestra la fluidez y la calidad de lo vivo.

VAJRAYANA (sánscr.; *Vajrāyana*; tib.: *rdo-rje theg-pa*). Nombre genérico de los vehículos tántricos, también llamados «mantrayana secreto» (tib.: *gsang-sngags kyi theg-pa*) y tantrayana.

VISIÓN SUPERIOR (sánscr.: *vipaśyāna*; tib.: *lhag-mthong*). En la práctica de la meditación del budismo clásico, segunda etapa de la práctica después de la calma mental, en la que el practicante utiliza la claridad de discernimiento de la sabiduría (prajna) y la aplica al análisis de los fenómenos y de su espíritu.

VISIONES ERRÓNEAS (sánscr.: *mithyadṛṣṭi*; tib.: *long-lta*). Se dice de las opiniones extraviadas, que no llevan a la realidad y desvían a los seres de la liberación auténtica. Esencialmente, se trata del eternalismo y del nihilismo.

Obras citadas y bibliografía

Discursos (sutra)

El primero entre los supremos y gloriosos
Shriparamadhya
dpal-mchog dang-po

La oración de la noble conducta
Arya Bhadrachari
'phags-pa bzang-po spyod-pa

Las preguntas de Narayana
Narayanapariprachchasutra
sred-med-kyi bus zhus-pa

Sutra de la canasta de los bodhisattva
Bodhisattvapitakasutra
byang-chub sems-dpa'i sde-snod-kyi mdo

Sutra de la colina de Gaya
Gayasirsasutra
ga-ya mgo'i-ri' mdo

Sutra de la enseñanza de Akshayamati
Ashayamatinirdeshasūtra
blo-gros mi-zad-pas btsan-pa'i mdo

Sutra de la enseñanza de Vimalakirti
Arya Vimalakirtinirdeshasutra
'phags-pa dri-ma med-par grags-pas bstan-pa'i mdo

Sutra de la joya de la corona
Ratnachudasutra
tsug-na rin-po-che'i mdo

Sutra de la lámpara lunar
Chandrapradipasutra
dawa gron-me'i mdo

Sutra de la perfección de sabiduría
Prajnaparamitasutra
shes-rab-kyi pha-rol-tu phyn-pa'i mdo

Sutra de la pila de joyas
Maharatnakutadharmaparyayashatasahasrikagranthasutra
dkon-mchog brtsegs-pa chen-po'i chos-kyi rnams-grangs le'u stong-phrag
   brgya-pa'i mdo

Sutra de la reunión completa de todas las cualidades
Sarvadharmasamgrahavaipulyasutra
chos thams-cad shin-tu rgyas-pa bsdus-pa

Sutra de las diez cualidades
Dashadharmakasutra
chos bcu-pa zhes-bya-ba'i mdo

Sutra de las diez tierras
Dashabhumikasutra
mdo-sde sa-bcu-pa

Sutra de las nubes de joyas
Ratnameghasutra
dkon-mchog sprin-gyi mdo

Sutra del campo puro del compromiso
Gocharparishuddisutra
spyod-yul yongs-su dag-pa'i mdo

Sutra del compendio del perfecto Dharma
Dharmasamgitisutra
chos yang-dag-par bsdud-pa'i mdo

Sutra del descenso a Lanka
Lankavatarasutra
lang-ka'i gshegs-pa'i mdo

Sutra del gran y perfecto más allá de la conciencia
Mahaparinirvanasutra
yongs-su mya-ngan 'das-pa chen-po'i mdo

Sutra del rey del recogimiento meditativo
Samadhirajasutra
ting-nge-'dzin rgyal-po'i mdo

Sutra del tesoro del espacio
Gaganganjasutra
nam-kha-mdzod

Sutra que revela el pensamiento
Samdhinirmochanasutra
dgongs-pa nges-par-'grel-pa'i-mdo

Sutra sobre el capítulo del control de las fuerzas malévolas
Maradmanparichedasutra
dgongs-pa nges-par 'grel-pa'i mdo

Sutra sobre la eliminación de la pesadumbre de Ajatashatru
Ajatashatrukaukrityavinodanasutra
ma-skyes dgra'i-'gyod-pa bsal-ba'i mdo

Sutra sobre la meditación de la fe en el Mahayana
Mahayanaprasadaprabhavanasutra
theg-pa chen-po la dad-pa bsgom-pa'i mdo

TRATADOS (SASTRA)

Asanga, *Compendio de conocimiento*
    Abhidharmasamuchchaya
    mngon-pa kun-btus.

Bhavaviveka, *La esencia de la vía media*
    Madhyamakahrdaya
    dbu-ma snying-po.

Dharmakirti, *Comentario sobre el «compendio del conocimiento válido»*
    (de Dignaga)
    Pramanavarttikkakarika
    tshad-ma rnam-'grel-gyi tshig le'ur byas-pa.

Kamalashila, *La luz de la vía media*
    Madhyamakaloka
    dbu-ma snang-ba.

Nagarjuna, *Las estancias fundamentales de la vía media*
    Prajnanamamulamadhyamakakarika
    dbu-ma rtsa-ba'i tshig le'ur byas-pa shes-rab zhes-bya ba.

Shantideva, *La presentación de la conducta del bodhisattva*
Bodhisattvacharyavatara
byang-chub sems-dpa'i spyod-pa la-'jug-pa.

Bibliografía

Dalai Lama (Tenzin Gyatso), *El arte de la felicidad*, Grijalbo, Barcelona, 1999.

—, *El arte de vivir en el nuevo milenio*, Grijalbo, Barcelona, 1999.

—, *El mundo del budismo tibetano*, Círculo de Lectores, Barcelona, 1998.

—, *El poder de la compasión*, Martínez Roca, Barcelona, 1998.

—, *El sentido de la vida desde la perspectiva budista*, Ediciones del Bronce, Barcelona, 2000.

—, *La visión interior: budismo tibetano para Occidente*, Océano, Barcelona, 2000.

—, *Las cuatro nobles verdades*, Plaza y Janés, Barcelona, 1998.

—, *Las leyes de la vida*, Martínez Roca, Barcelona, 2000.

El libro tibetano de los muertos, Kairós, Barcelona, 1996[3].

Epstein, Mark, *Contra el yo: una perspectiva budista*, Kairós, Barcelona, 2000.

Hagen, Steve, *Camino de luz. Las verdades esenciales del budismo*, Grijalbo, Barcelona, 2000.

Lenoir, Frédéric, *El budismo en Occidente*, Seix Barral, Barcelona, 2000.

Panikkar, Raimon, *El silencio del Buddha: una introducción al ateísmo religioso*, Siruela, Madrid, 1999[4].

Revel, Jean François, *El monje y el filósofo*, Círculo de Lectores, Barcelona, 1999.

Santoni, Eric, *El budismo*, Acento, Madrid, 1999[4].

Thurman, Robert A. F., *El budismo tibetano esencial*, Robin Book, Barcelona, 1998.

Watts, Alan, *Budismo, la religión de la no-religión*, Kairós, Barcelona, 1999.

Índice

Notas personales

Para comentar este libro con otros lectores
puedes consultar nuestra página web
www.grijalbo.com/revelaciones